LE

PARADIS PERDU

LIVRES I ET II

MILTON

LE PARADIS PERDU

(LES DEUX PREMIERS LIVRES)

ANNOTÉ D'APRÈS LA SIGNOLÉGIE

De P. MARIE

Principal honoraire, Officier de l'Instruction publique, ex-chargé de cours de langue anglaise dans plusieurs collèges.

AVEC TRADUCTION LITTÉRALE EN FRANÇAIS

DES 200 PREMIERS VERS

MÉTHODE NOUVELLE

TRÈS-FACILE

DE PRONONCIATION ET DE LECTURE

Appliquée aux six langues française, latine, anglaise, allemande, espagnole et italienne

TOULOUSE

TYPOGRAPHIE DE BAYLAC, BLANC & Cie

1, RUE DU MAY, 1

1875

PRÉFACE

Nous nous étions plusieurs fois demandé si nous devions mettre une préface en tête de cet ouvrage, quand un de nos amis, membre du corps enseignant, nous en a donné le conseil.

« Votre idée, nous a-t-il dit, est une idée nouvelle, et en France les » idées nouvelles ne reçoivent pas toujours, dès l'abord, l'accueil » qu'elles méritent. On hésite parfois long-temps avant de les admettre : » il faut, pour cela, essais sur essais, et encore ne se rend-on le plus » souvent qu'après que l'évidence la plus complète a démontré sura» bondamment l'utilité de ces idées nouvelles. Attachez-vous donc à » la produire, cette évidence, dans le plus bref délai possible, afin » qu'on retire au plus tôt de votre méthode les avantages qu'elle est » susceptible de produire. » Telle est l'origine de cette préface.

Et d'abord notre système de prononciation est-il utile ? Pour notre langue maternelle, on hésiterait peut-être à le croire, à cause des accents, qui servent à modifier le son des voyelles ; mais malheureusement ce secours, si précieux, n'est pas toujours possible; il fait défaut dans une foule de cas où il serait pourtant bien utile. Quant aux consonnes, il n'existe à peu près aucun caractère pour en indiquer la prononciation exacte.

Voici quatre exemples, pris entre mille, qui démontreront l'insuffisance si regrettable des accents :

Que cet homme est fier ! *A qui doit-on se* fier ? — *Nous* portions *des* portions. — *Les poules* couvent *dans le* couvent. — *Il* retient *cet homme impa*tient.

Quelles règles fournit l'accentuation actuelle pour la prononciation des mots soulignés? Absolument aucune. Et si nous, Français, nous réussissons, par suite d'une longue pratique de notre langue, à prononcer ces mots d'une manière régulière, il n'en est pas moins vrai que, pour un étranger, la distinction des sons de ces mots, tout-à-fait semblables par l'écriture, est complètement impossible.

A l'aide de notre système, cette impossibilité disparaît immédiatement, ainsi qu'on le reconnaîtra dès que l'on comprendra le langage des signes que nous allons placer au-dessous de ces mots :

fier, fier — portions, portions — couvent, couvent — re*tient,* pa*tient.*

Mais, dira-t-on peut-être, il faut apprendre le langage de ces signes! — Eh! sans doute, comme il a fallu apprendre, pour savoir lire plus ou moins bien, la signification des 25 lettres de l'alphabet, puis des accents et des autres signes orthographiques. Seulement, pour apprendre à faire usage de toutes ces choses, il a fallu des années, tandis que pour nos signes il suffit de quelques moments d'une étude agréable, qui n'a pas besoin d'être répétée, car nos signes, une fois sus, ne peuvent plus être oubliés.

Pourquoi? parce qu'au lieu de les avoir créés d'une manière simplement conventionnelle et arbitraire, nous les avons pris dans la nature même, comme on a fait pour l'*unité* des nouvelles mesures, le *mètre*, que l'on peut adopter partout et toujours, parce que cette unité repose sur un principe universel et invariable.

Comment, en effet, représentons-nous le son *i*, qui, dans la langue anglaise, s'applique à toutes les voyelles? — par une ligne verticale (|), qui n'est autre chose que la lettre *i* presque entière. Même remarque pour le son *a*, que nous représentons par le signe (/), moitié de la majuscule *A*; même remarque pour le signe (c), qui représente le son *eu*, spécial à la seconde voyelle de notre alphabet français, *e*, dont ce signe (demi-cercle) constitue également la partie essentielle.

Voulons-nous représenter un son nul? Nous employons le *zéro*, qui indique le *néant, rien, nullité complète.* — Pour un son *fort*, nous employons le *gros* point; pour un son *faible, adouci*, nous employons, au contraire, le *petit* point; — pour le son *nasal*, si fréquent dans notre langue française, nous employons un trait horizontal, soulignant les deux lettres qu'il affecte, et dans le cas de doute pour le son *en*, qui est tantôt *in*, tantôt *an*, nous le distinguons, quand cela nous semble utile, par le signe | ou le signe /, comme on vient de le voir dans les deux mots re*tient*, pa*tient*.

Ces deux mots et les autres que nous avons également soulignés dans les exemples, nous semblent justifier pleinement la création de notre méthode, même pour les Français; à combien plus forte raison pour les étrangers, qui, n'en doutons pas, éprouvent autant de difficultés à comprendre notre prononciation multiple et parfois bizarre, que nous en éprouvons à comprendre et à retenir la leur.

S'agit-il de la prononciation anglaise? Il nous suffira de présenter quelques nomenclatures de mots, semblables ou à peu près semblables de forme, pour donner l'idée des obstacles presque invincibles qu'offre cette étude d'après les procédés ordinaires.

Exemple : la lettre *a*, qui a *huit* sons différents dans les mots :

Fat, fate, far ou *far, fatal, any, Abraham, all, courage.*

Donnons, au contraire, l'exemple d'un son unique, commun à toutes les voyelles, même à plusieurs réunions de voyelles, et que, par conséquent, nous représentons par le même signe, dans les *neuf* cas suivants :

Scholar, after, sir, martyr, doctor, fur, heard, honour, blood.

Il nous semble résulter de tout ce qui précède, que notre système est utile, qu'on peut l'apprendre facilement, d'une manière simple, méthodique, complète, pour les deux langues française et anglaise, et, avec quelques efforts de plus, pour les quatre autres langues qu'il a également pour objet.

Pour les deux premières, le tableau résumé des signes qui figure au bas des pages de notre édition de Milton fournira des applications répétées des diverses règles du système, que nous allons, du reste, éclairer d'une manière tout à fait palpable, par des exemples de mots anglais, rangés d'après l'ordre des colonnes verticales, et accompagnés de mots français qui leur correspondent pour la prononciation :

1re colonne. — *Built*, filtre; *seven*, jeune, en prononçant le son *eu* rapidement, de manière à le rendre presque imperceptible.

2e col. — *Fat*, plate; *resolve*, azote (voir, pour la prononciation de l'*a* de *fat*, la colonne 17).

3e et 4e col. (1re ligne). — *Pur*, *suc*, mots français (le son *u* n'existe pas en anglais).

3e colonne (2e ligne) — *Thank*, son nasal correspondant à celui du mot français *an* (voir, pour le *th*, la colonne 18).

4e col. — *au*, mot français, dont le son correspond à celui de o bref.
aux, mot français, dont le son correspond à celui de ô long.

5e col. — *But*, meute; *fur*, peur; *put*, route; *poor*, jour.

6e col. — *A*, et; *name*, nez; *set*, cette; *ere*, vers.

7e col. — *Be*, bipède; *bee*, vie; *femme*, dame; *clerk*, tard.

8e col. — *Of*, ovale; nation (fr.), menacions; *nation* (angl.) *nééchcune*.

9e col. — *Monarch*, archange (son du *k*); *blessed*, reste; *this*, lice.

10e col. — *Soi*, *soie*, son spécial à la langue française.

12e col. — *Out*, *caoutchou*; *muse*, chiourme.

13e col. — *Sing, signe*, mais un peu nasal en anglais; *vaille*, son des *ll* mouillés, qui n'existe pas en anglais; *philosopher, f*ilateur.

14e col. — *Raya*, son double de l'*i* français. Ce mot peut aussi se marquer *raya*; *exact* (gz), mot français et anglais; *vexa*, *vexing* (ks).

15e col. — *line, by*, aïe; *age, just*, ad*j*uger; *church*, caou*tch*ou.

16e col. — *Azure, invasion, j*eune — *nation, sure, ch*ou.

17e col. — *Fat*, son intermédiaire entre natte et nette.

— *Very* — entre aimé et ami.

— *All* — entre râle et rôle.

18e col. — *Able*, ab*el*, la consonne *l* reculant d'un rang, prenant le 2d rang par rapport à la voyelle *e*, dont le son doit être *presque nul*.

The, zizanie; *thick*, *s*icaire, son que l'on produit, dans les deux mots anglais, en retirant la langue d'entre les dents.

Nous terminerons cette préface en citant une règle dispositive qui a été fortement approuvée de toutes les personnes auxquelles nous avons soumis notre méthode à Paris et en province.

En plaçant toujours les signes *au-dessous des mots*, nous fournissons à l'élève le moyen de s'exercer *seul* à la prononciation des mots, en cachant et en découvrant alternativement chaque ligne, moyen infaillible de succès, si surtout l'élève a reçu auparavant d'un professeur quelques conseils, qu'il lui sera toujours facile de se rappeler et d'appliquer.

Et, pour dernier mot, qu'on veuille bien nous permettre de solliciter les observations et les avis que notre travail pourra suggérer; nous les recevrons avec un sentiment de vive gratitude envers les personnes qui nous auront fait l'honneur de nous les adresser.

Toulouse, le 9 octobre 1875.

P. MARIE

N.-B. — Nous nous sommes servi de la traduction de Châteaubriand, que nous avons simplifiée encore dans certains passages, pour la rendre aussi littérale que possible, et par cela même plus à la portée des élèves : il nous a semblé utile, dans l'intérêt de leurs exercices d'analyse et de grammaire, de sacrifier, en vue d'une simplicité et d'une facilité plus grandes, l'élégance, parfois même les règles rigoureuses de la construction française.

ARGUMENT

LIVRE PREMIER

Ce premier livre expose d'abord brièvement le sujet entier, la désobéissance de l'homme, et par suite la perte du Paradis où il était placé; puis, la première cause de sa chute, le Serpent, ou plutôt, sous la forme du serpent, Satan, qui, se révoltant contre Dieu et attirant de son côté de nombreuses légions d'anges, fut, par le commandement de Dieu, précipité du ciel avec toute sa bande, dans le grand abîme. Après avoir passé légèrement sur ce fait, le poëme ouvre au milieu de l'action, représentant Satan avec ses anges maintenant tombés dans l'enfer, qui est décrit ici comme placé non pas au centre de la terre (car on peut supposer que le ciel et la terre n'étaient pas encore créés, du moins certainement pas encore maudits), mais dans un lieu de ténèbres extérieures, le plus convenablement appelé *Chaos*. Là, Satan, couché sur le lac brûlant, foudroyé et stupéfié, au bout d'un certain temps revient à lui comme de la confusion d'un songe. Il appelle l'ange qui, le premier après lui par le rang et la dignité, gît à ses côtés, et ils confèrent ensemble de leur chute malheureuse. Satan éveille toutes ses légions restées jusqu'alors confondues dans la même torpeur : elles se lèvent. Le poëte décrit leurs forces, leur ordre de bataille, leurs principaux chefs, auxquels il donne les noms des idoles connues plus tard en Canaan et dans les contrées voisines. Il leur adresse un discours, les console par l'espoir de regagner le ciel, mais il leur parle, en dernier lieu, d'un autre monde et d'une nouvelle espèce d'êtres qui doivent être créés, selon une ancienne prophétie ou tradition du Ciel; car beaucoup de Pères de l'Église pensent que les anges existaient long-temps avant le monde visible. Pour s'assurer de la vérité de cette prophétie et déterminer ce qu'on doit faire en conséquence, Satan s'en réfère à un grand conseil. Ses associés adhèrent à cet avis. Pandémonium, palais de Satan, soudainement bâti, s'élève du fond de l'abîme. Les pairs infernaux s'y rangent en conseil.

(Traduction presque mot-à-mot du texte anglais).

LE PARADIS PERDU

PREMIER LIVRE

Chante, Muse céleste,
la première désobéissance de l'homme, et le fruit
de cet arbre défendu, dont le goût mortel
apporta la mort dans le monde, et tous nos malheurs,
avec la perte d'Eden, jusqu'à ce qu'un homme plus grand
nous rétablît et regagnât le séjour bienheureux.
Chante ces choses, Muse céleste! toi qui, sur le sommet
secret d'Oreb ou de Sinaï, inspiras
ce berger qui le premier apprit à la race choisie
comment, dans le commencement, les cieux et la terre
sortirent du chaos : . ou, si la colline de Sion

Signes simples (un seul point ou une seule ligne), **correspondant à des sons simples.**

	1	2	3	4	5	6	7	8	9	10
Signes 1	○	•	▬	◡	((a)	/ /·	| (a)	f t	ch, d	(a) Signes formés d'une partie des lettres dont ils représentent les sons
2	o	·	—	⌒	)	\ ·\ (1)	ɪ (a)	s	s	|=I, ɪ=A, (=e, eu...
Sons 1	nul *build* ○	fort *fat* •	long *pur* ▬	bref *sue* ◡	eu *but* (.	é, ée *a, ate* / /·	i *be* |	v c *of* .	k, t *ache* /·.	—
2	pr. nul *seven* o	doux *rose* .	nasal *thank* . —	au ⌒	ou *put*).	è, ès *set, ere* \ ·\	a *clerk* ɪ.	ze *is* .	ce *us* (.	*Pour renseignements complets, voir l'*Exposé général de la Méthode.

THE PARADISE LOST

BOOK THE FIRST

Of Man's first disobedience, and the fruit
Of that forbidden tree, whose mortal taste
Brought death into the world, and all our woe,
With loss of Eden, till one greater Man
Restore us and regain the blissful seat,
Sing, heavenly Muse! that on the secret top
Of Oreb, or of Sinai, didst inspire
That shepherd who first taught the chosen seed,
In the beginning, how the heavens and earth
Rose out of chaos: or, if Sion-hill

Signes composés (deux points ou deux lignes), **correspondant à des sons composés ou intermédiaires.**

<	^	=	..	..	.:	.: son interm. entre *a, e* : *fat*	2₀ indique une interversion dans l'ordre des lettres.
<· (1)	v	+ (2)	••	••	:	: — — — *e, i* : *very*	
						·. — — — *a, o* : *all*	—
oi *voix* <	aou *hour* ^	ille gne	gze *exil* ..	aïe *dje*	je *osier* .:(	(1) Le *point* ajouté à un signe indique un son prolongé. Le signe placé entre deux lettres est commun à l'une et à l'autre. (2) La croix, +, indique aussi une pause à faire entre deux mots.	Th = z, th = s; à prononcer en retirant la langue d'entre les dents.
oie *voie* <·	iou *muse* v	fe *phase* +	ksc *vexu* ••	tche *such* (••	che *sure* :)		
11	12	13	14	15	16	17	18

te plaît davantage, ainsi que le ruisseau de Siloé,
qui coulait rapidement près l'oracle de Dieu, de là
j'invoque ton aide pour mon chant aventureux,
qui, par un vol non tempéré, prend son essor
au-dessus des monts d'Aonie, tandis qu'il poursuit
des choses non tentées encore en prose ni en vers.
Et toi principalement, ô Esprit, qui préfères
à tous les temples un cœur droit et pur,
instruis-moi, car tu sais! Dès le premier instant
tu étais présent, et avec tes puissantes ailes déployées,
comme une colombe tu couvas le vaste abîme,
et tu le rendis fécond : illumine ce qui est obscur en moi,
élève et soutiens ce qui est bas, afin que m'élevant
jusqu'à la hauteur de ce grand argument
je puisse affirmer l'éternelle Providence
et justifier les voies de Dieu aux hommes. [de l'enfer
Dis d'abord, car ni le ciel ni la profonde étendue

Signes simples (un seul point ou une seule ligne), **correspondant à des sons simples.**

Signes 1	○	▪	▬	◡	((a)	/ /·	| (a)	f t · ·	ch, d • •	(a) Signes formés d'une partie des lettres dont ils représentent les sons
2	∘	·	—	⌒	)	\ ·\ (1)	/ (a)	s ·	s ▪	
Sons 1	nul *build* ○	fort *fat* ▪	long *pur* ▬	bref *suc* ◡	eu *but* (▪	é, ée *a, ate* / /·	i *be* |	v c *of* ·	k, t *ache* /·▪	| = I, / = A, (= e, eu...
2	pr. nul *seven* ∘	doux *rose* ·	nasal *thank* • —	an ⌒	ou *put*)▪	è, ès *set, ere* \ ·\	a *clerk* /.	ze *is* ·	ce *us* (▪	*Pour renseignements complets, voir l'*Exposé général de la Méthode.
	1	2	3	4	5	6	7	8	9	10

Delight thee more, and Siloa's brook that flow'd
Fast by the oracle of God, I thence
Invoke thy aid to my adventurous song,
That with no middle flight intends to soar
Above the Aonian mount, while it pursues
Things unattempted yet in prose or rhyme.
  And chiefly thou, o Spirit, that dost prefer
Before all temples the upright heart and pure,
Instruct me, for thou know'st: Thou from the first
Wast present, and with mighty wings outspread
Dove-like sat'st brooding on the vast abyss,
And mad'st it pregnant : what in me is dark
Illumine, what is low raise and support;
That to the height of this great argument
I may assert eternal Providence,
And justify the ways of God to men. [view,
  Say first, for Heaven hides nothing from thy

Signes composés (deux points ou deux lignes), **correspondant à des sons composés ou intermédiaires.**

< < (1)	∧ ∨	= + (2)	.. ••	.. ••	.· :	.· son interm. entre *a, e* : *fat* : — — — *e, i* : *very* ·. — — — *a, o* : *all*	2_0 indique une interversion dans l'ordre des lettres.
oi *voix* <	aou *hour* ∧	ille gne	gze *exit* ••	aie *dje*	je *osier* .·(	(1) Le *point* ajouté à un signe indique un son prolongé. Le signe placé entre deux lettres est commun à l'une et à l'autre.	Th = z, th = s;
oie *voie* <	iou *muse* ∨	fe *phase* +	ksc *vexa* ••	tche *such* (••	che *sure* :·)	(2) La croix, +, indique aussi une pause à faire entre deux mots.	à prononcer en retirant la langue d'entre les dents.
11	12	13	14	15	16	17	18

ne cachent rien à ta vue, dis d'abord quelle cause
poussa nos premiers parents, dans cet heureux état
si hautement favorisé du Ciel, à se séparer
de leur Créateur, à transgresser sa volonté [du monde.
pour une seule restriction, souverains qu'ils étaient du reste
Qui le premier les entraîna à cette honteuse révolte?
L'infernal serpent : ce fut lui, dont la malice,
excitée par l'envie et la vengeance, trompa
la mère du genre humain; après que son orgueil
l'avait précipité du ciel, avec toute son armée
d'anges rebelles, à l'aide desquels aspirant
à monter en gloire au-dessus de ses pairs,
il se flatta d'égaler le Très-Haut,
si le Très-Haut s'y opposait : dans ces vues ambitieuses
contre le trône et la monarchie de Dieu, [audacieux,
il alluma au ciel une guerre impie, et livra un combat
mais vaine fut son attente. Le souverain Pouvoir

Signes simples (un seul point ou une seule ligne), **correspondant à des sons simples.**

Signes 1	○	•	▬	◡	((a)	/ /·	| (a)	f t	ch, d	(a) Signes formés d'une partie des lettres dont ils représentent les sons
2	∩	·	—	⌒	)	\ ·\ (1)	𝐼 (a)	s	s	| = I, 𝐼 = A, (= e, eu...
Sons 1	nul *build* ○	fort *fat* •	long *pur* ▬	bref *suc* ◡	eu *but* (.	é, ée *a, ate* / /·	i *be* |	v c *of* ·	k, t *ache* /·.	—
2	pr. nul *seven* ∩	doux *rose* ·	nasal *thank* • —	au ⌒	ou *put*).	è, ès *set, ere* \ ·\	a *clerk* 𝐼.	ze *is* .	ce *us* (.	*Pour renseignements complets, voir l'*Exposé général de la Méthode.
	1	2	3	4	5	6	7	8	9	10

Nor the deep tract of Hell; say first, what cause
Moved our grand parents, in that happy state
Favour'd of Heaven so highly, to fall off
From their Creator, and transgress his will
For one restraint, lords of the world besides.
Who first seduced them to that foul revolt?
The infernal serpent; he it was, whose guile,
Stirr'd up with envy and revenge, deceiv'd
The mother of mankind; what time his pride
Had cast him out from Heaven, with all his host
Of rebel angels, by whose aid aspiring
To set himself in glory above his peers,
He trusted to have equalled the Most High,
If he opposed; and with ambitious aim
Against the throne and monarchy of God
Raised impious war in Heaven and battle proud,
With vain attempt. Him the Almighty Power

Signes composés (deux points ou deux lignes), **correspondant à des sons composés ou intermédiaires.**

<	∧	=	..	..	.:	.: son interm. entre *a*, *e* : *fat*	2_0 indique une interversion dans l'ordre des lettres.
<· (1)	∨	+ (2)	••	••	:	: — — — *e*, *i* : *very*	
						·. — — — *a*, *o* : *all*	—
oi *voix* <	aou *hour* ∧	ille gne ,	gze *exit* ••	aïe *dje*	je *osier* .:(	(1) Le *point* ajouté à un signe indique un son prolongé. Le signe placé entre deux lettres est commun à l'une et à l'autre.	Th = z, th = s; à prononcer en retirant la langue d'entre les dents.
oie *voie* <·	iou *muse* ∨	ſe *phase* +	kse *vexa* ••	tche *such* (••	che *sure* :)	(2) La croix, +, indique aussi une pause à faire entre deux mots.	
11	12	13	14	15	16	17	13

le lança flamboyant, la tête en bas, de la voûte éthérée,
par une ruine hideuse et brûlante, dans le gouffre
sans fond de la perdition, pour y demeurer
chargé de chaînes de diamant, dans le feu vengeur,
parce qu'il avait osé défier aux armes le Tout-Puissant!
Neuf fois l'espace qui mesure le jour et la nuit aux
hommes mortels, le malheureux, avec son horrible bande,
fut étendu vaincu, se roulant dans le gouffre embrasé,
confondu, quoique immortel: mais sa sentence le réservait
encore à plus de colère, car maintenant la pensée
à la fois de la félicité perdue et d'un mal sans fin
le tourmente. Il jette autour de lui des regards sinistres
où se peignent l'épouvante et une immense affliction,
mêlées à son inflexible orgueil, à sa haine inébranlable.
D'un seul coup d'œil, aussi loin que peut s'étendre
la vue des anges, il voit le lieu triste, dévasté et désert;
un donjon horrible, arrondi de tous côtés,

Signes composés (deux points ou deux lignes), **correspondant à des sons composés ou intermédiaires.**

11	12	13	14	15	16	17	18
<	^	=	..	..	.˙	.˙ son interm. entre *a, e* : *fat*	2₀ indique une interversion dans l'ordre des lettres.
<· (1)	v	+ (2)	••	••	:	: — — — *e, i* : *very*	—
						˙. — — — *a, o* : *all*	Th = z, th = s;
oi *voix* <	aou *hour* ^	ille gne	gze *exit* ..	aïe *dje*	je *osier* .˙(	(1) Le *point* ajouté à un signe indique un son prolongé. Le signe placé entre deux lettres est commun à l'une et à l'autre.	à prononcer en retirant la langue d'entre les dents.
oie *voie* <·	iou *muse* v	fe *phase* +	ksc *vexa* ••	tche *such* (••	che *sure* :)	(2) La croix, +, indique aussi une pause à faire entre deux mots.	

Hurl'd headlong flaming from the ethereal sky,
With hideous ruin and combustion, down
To bottomless perdition, there to dwell
In adamantine chains and penal fire
Who durst defy the Omnipotent to arms.
Nine times the space that measures day and night
To mortal men, he with his horrid crew
Lay vanquish'd, rolling in the fiery gulf,
Confounded though immortal: but his doom
Reserved him to more wrath; for now the thought
Both of lost happiness and lasting pain
Torments him; round he throws his baleful eyes
That witness'd huge affliction and dismay
Mix'd with obdurate pride and steadfast hate.
At once, as far as angels ken, he views
The dismal situation waste and wild;
A dungeon horrible, on all sides round,

Signes simples (un seul point ou une seule ligne), **correspondant à des sons simples.**

Signes 1	○	•	▬	◡	((*a*)	/ /·	| (*a*)	f t	ch, d	(*a*) Signes formés d'une partie des lettres dont ils représentent les sons
2	•	·	—	⌒	)	\ ·\ (1)	*I* (*a*)	s	s	| = I, *I* = A, (= e, eu...
Sons 1	nul *build* ○	fort *fat* •	long *pur* ▬	bref *suc* ◡	eu *but* (•	é, ée *a, ate* / /·	i *be* |	v c *of* ·	k, t *ache* /·.	—
2	pr. nul *seven*	doux *rose*	nasal *thank*	au	ou *put*	è, ès *set, ere*	a *clerk* *I*.	ze *is*	ce *us* (.	*Pour renseignements complets, voir l'Exposé général de la Méthode.*
	1	2	3	4	5	6	7	8	9	10

comme une grande fournaise, flamboyait, et de ces flammes
point de lumière! mais au contraire des ténèbres visibles
servaient seulement à découvrir des vues de malheur;
régions de chagrins, obscurité plaintive, où la paix et le
repos ne peuvent jamais habiter, l'espérance jamais venir,
elle qui vient à tous! mais une torture incessante
les aigrit sans relâche, ainsi qu'un déluge de feu, nourri
d'un soufre qui brûle toujours sans se consumer.

Tel est le lieu que l'éternelle justice prépara
pour ces rebelles; ici elle ordonna leur prison
dans les ténèbres extérieures; elle établit leur domaine
trois fois aussi éloigné de Dieu et de la lumière du ciel
que le centre de l'univers l'est du pôle le plus élevé.
Oh! combien cette demeure est différente de celle
d'où ils tombèrent! [ensevelis

Là bientôt il distingue les compagnons de sa chute
dans les flots et les tourbillons d'une tempête de feu;

Signes simples (un seul point ou une seule ligne), **correspondant à des sons simples.**

	1	2	3	4	5	6	7	8	9	10
Signes 1	○	•	▬	◡	((a)	/ /·	| (a)	f t · ·	ch, d • ▪	(a) Signes formés d'une partie des lettres dont ils représentent les sons
2	o	·	—	◠	)	\ ·\ (1)	/ (a)	s ·	s ▪	| = I, / = A, (= o, eu...
Sons 1	nul *build* ○	fort *fat* •	long *pur* ▬	bref *sue* ◡	eu *but* (•	é, ée *a, ate* / /·	i *be* |	v c *of* •	k, t *ache* /·▪	— *Pour renseignements complets, voir l'Exposé général de la Méthode.*
2	pr. nul *seven* o	doux *rose* ·	nasal *thank* · —	au ◠	ou *put*).	è, ès *set, ere* \ ·\	a *clerk* /.	zo *is* .	ce *us* (.	

As one great furnace, flam'd; yet from those
No light, but rather darkness visible [flames
Served only to discover sights of woe,
Regions of sorrow, doleful shades, where peace
And rest can never dwell; hope never comes,
That comes to all; but torture without end
Still urges, and a fiery deluge, fed
With ever-burning sulphur unconsum'd.
Such place eternal justice had prepared
For those rebellious; here their prison ordain'd
In utter darkness; and their portion set
As far removed from God and light of Heaven
As from the centre thrice to the utmost pole.
Oh! how unlike the place from whence they fell!

There the companions of his fall, o'erwhelm'd
With floods and whirlwinds of tempestuous fire

Signes composés (deux points ou deux lignes), **correspondant à des sons composés ou intermédiaires.**

11	12	13	14	15	16	17	18
<	^	=	..	..	.:	.: son interm. entre *a*, *e* : *fat*	2_0 indique une interversion dans l'ordre des lettres.
< (1)	v	+ (2)	••	••	:	: — — — *e*, *i* : *very*	—
						·. — — — *a*, *o* : *all*	Th = z, th = s;
oi *voix* <	aou *hour* ^	ille gne	gze *exil* ••	aïe *dje*	je *osier* .:(	(1) Le *point* ajouté à un signe indique un son prolongé. Le signe placé entre deux lettres est commun à l'une et à l'autre.	à prononcer en retirant la langue d'entre les dents.
oie *voie* <·	iou *muse* v	fe *phase* +	kse *cexa* ••	tche *such* (••	che *sure* :)	(2) La croix, +, indique aussi une pause à faire entre deux mots.	

et l'un d'eux se vautrant à ses côtés, le premier
en pouvoir après lui, le plus proche par le crime,
longtemps après connu en Palestine sous le nom
de Belzébuth : s'adressant à lui, le grand ennemi,
pour cela nommé Satan dans le ciel, rompant par de fières
paroles l'horrible silence, commence ainsi : [changé
« Si tu es celui... mais, oh ! combien déchu, combien
de celui qui, dans les heureux royaumes de la lumière,
revêtu d'une lumière transcendante, surpassais en éclat
des myriades de brillants esprits, si tu es celui qu'une
mutuelle ligue,
une même pensée, un même conseil, une égale espérance
et un égal péril dans une entreprise glorieuse
unirent jadis avec moi, que le malheur unit encore à moi
dans une égale ruine, tu vois dans quel abîme
et de quelle hauteur nous sommes tombés, tant Il se montra
le plus puissant

Signes simples (un seul point ou une seule ligne), **correspondant à des sons simples.**

	1	2	3	4	5	6	7	8	9	10
Signes 1	○	•	▬	◡	((a)	/ /·	| (a)	f t	ch, d	(a) Signes formés d'une partie des lettres dont ils représentent les sons
2	•	·	—	◠	)	\ ·\ (1)	/ (a)	s	s	
Sons 1	nul *build* ○	fort *fat* •	long *pur* ▬	bref *suc* ◡	eu *but* (.	é, ée *a, ate* / /·	i *be* |	v c *of* ·	k, t *ache* /·.	| = I, / = A, (= e, eu...
2	pr. nul *seven* ∘	doux *rose* ·	nasal *thank* • —	au ◠	ou *put*).	è, ès *set, ere* \ ·\	a *clerk* /.	ze *is* .	ce *us* (.	*Pour renseignements complets, voir l'*Exposé général de la Méthode.

He soon discerns; and weltering by his side
One next himself in power, and next in crime,
Long after known in Palestine, and named
Beelzebub: to whom the arch-enemy [words
And thence in Heaven call'd Satan, with bold
Breaking the horrid silence, thus began: [chang'd
« If thou beest he... but, oh! how fallen! how
From him, who in the happy realms of light,
Clothed with transcendent brightness, didst outshine
Myriads, though bright!... If he, whom mutual league,

United thoughts and counsels, equal hope
And hazard in the glorious enterprise
Join'd with me once, now misery hath join'd
In equal ruin: into what pit thou seest [prov'd
From what height fallen: so much the stronger

Signes composés (deux points ou deux lignes), **correspondant à des sons composés ou intermédiaires.**

<	^	=	..	..	.:	.: son interm. entre *a, e* : *fat*	2₀ indique une interversion dans l'ordre des lettres.
<· (1)	v	+ (2)	••	••	:	: — — — *e, i* : *very*	
						·. — — — *a, o* : *all*	Th = z, th = s;
oi *voix* <	aou *hour* ^	ille gne	gze *exil* ••	aïe *dje*	je *osier* .·(	(1) Le *point* ajouté à un signe indique un son prolongé. Le signe placé entre deux lettres est commun à l'une et à l'autre.	à prononcer en retirant la langue d'entre les dents.
oie *voie* <·	iou *muse* v	fe *phase* +	kse *vexa* ••	tche *such* (••	che *sure* : ·)	(2) La croix, +, indique aussi une pause à faire entre deux mots.	
11	12	13	14	15	16	17	18

avec son tonnerre! mais qui jusqu'alors avait connu la
force de ces cruelles armes? Toutefois, malgré ces armes,
malgré tout ce que ce puissant Vainqueur dans sa rage
peut m'infliger encore, je ne me repens point, je ne
change point
(quoique changé dans mon éclat extérieur) cet esprit fixe
et ce haut dédain, né de la conscience du mérite offensé,
qui me portèrent à m'élever contre le plus Puissant,
et entraînèrent dans ce furieux conflit
une troupe innombrable d'esprits armés,
qui osèrent mépriser sa domination; qui, me préférant à lui,
opposèrent à son pouvoir suprême un pouvoir contraire,
et, dans une bataille indécise au milieu des plaines du ciel,
ébranlèrent son trône.

Qu'importe la perte du champ de bataille?
Tout n'est pas perdu : une volonté insurmontable,
l'étude de la vengeance, une haine immortelle,

Signes simples (un seul point ou une seule ligne), **correspondant à des sons simples.**

	1	2	3	4	5	6	7	8	9	10
Signes 1	○	•	▬	◡	((*a*)	/ /·	| (*a*)	f t	ch, d	(*a*) Signes formés d'une partie des lettres dont ils représentent les sons
2	•	·	—	⌒	)	\ ·\ (l)	⁄ (*a*)	s	s	
Sons 1	nul *build* ○	fort *fat* •	long *pur* ▬	bref *suc* ◡	eu *but* (.	é, ée *a, ate* / /·	i *be* |	v c *of* ·	k, t *ache* /·.	| = I, ⁄ = A, (= e, eu... —
2	pr. nul *seven* o	doux *rose* ·	nasal *thank* · —	au ⌒	ou *put*).	è, ès *set, ere* \ ·\	a *clerk* ⁄.	ze *is* .	ce *es* (.	*Pour renseignements complets, voir l'Exposé général de la Méthode.*

He with his thunder; and till then who knew
The force of those dire arms? Yet not for those,
Nor what the potent Victor in his rage
Can else inflict, do I repent, or change
[mind
(Though chang'd in outward lustre), that fix'd
And high disdain from sense of injur'd merit,
That with the Mightiest rais'd me to contend,
And to the fierce contention brought along
Innumerable force of spirits arm'd,
That durst dislike his reign; and me preferring,
His utmost power with adverse power opposed
In dubious battle on the plains of Heaven,
And shook his throne.
What though the field be lost!
All is not lost; the unconquerable will,
And study of revenge, immortal hate,

Signes composés (deux points ou deux lignes), **correspondant à des sons composés ou intermédiaires.**

11	12	13	14	15	16	17	18
<	^	=	..	..	.:	.: son interm. entre *a*, *e* : *fat*	2₀ indique une interversion dans l'ordre des lettres.
<· (1)	v	+ (2)	••	••	:	: — — — *e*, *i* : *very*	
						·. — — — *a*, *o* : *all*	
oi *voix* <	aou *hour* ^	ille gne	gze *exil* ••	aïe *dje*	je *osier* .:(	(1) Le *point* ajouté à un signe indique un son prolongé. Le signe placé entre deux lettres est commun à l'une et à l'autre.	Th = z, th = s ; à prononcer en retirant la langue d'entre les dents.
oie *voie* <·	iou *muse* v	fe *phase* +	kse *vexa* ••	tche *such* (••	che *sure* :)	(2) La croix, +, indique aussi une pause à faire entre deux mots.	

un courage qui ne cédera, ne se soumettra jamais,
et encore tout ce qui dans moi ne peut pas être subjugué :
cette gloire, jamais sa colère ou sa puissance
ne me l'extorquera. Me courber, lui demander grâce
avec un genou suppliant, déifier son pouvoir,
quand, par la terreur de ce bras, il a si récemment
douté de son empire, cela serait bas en effet;
cela serait une ignominie, une honte plus grande
que notre chute! puisque, par le destin, la force des dieux
et cette substance céleste ne peuvent périr;
puisque d'après l'expérience de ce grand événement,
avec des armes non affaiblies, une prévoyance plus grande,
nous pouvons, avec plus d'espoir de succès, nous résoudre
à faire, par force ou par ruse, une guerre éternelle,
irréconciliable à notre grand ennemi,
qui maintenant triomphe, et, dans l'excès de sa joie,
régnant seul, tient la tyrannie du ciel.

Signes simples (un seul point ou une seule ligne), **correspondant à des sons simples.**

	1	2	3	4	5	6	7	8	9	10
Signes 1	o	•	▬	◡	((*a*)	/ /.	| (*a*)	f t (with dots)	ch, d (with dots)	(*a*) Signes formés d'une partie des lettres dont ils représentent les sons
2	•	.	—	◠	)	\ ·\ (1)	*I* (*a*)	s (with dot)	s (with dot)	| = I, *I* = A, (= c, eu...
Sons 1	nul *build* o	fort *fat* •	long *pur* ▬	bref *sue* ◡	eu *but* (•	é, ée *a*, *ate* / /.	i *be* |	v c *of* .	k, t *ache* /.	—
2	pr. nul *seven* o	doux *rose* .	nasal *thank* • —	au ◠	ou *put*).	è, ès *set*, *ere* \ ·\	a *clerk* *I*.	ze *is* .	ce *us* (•	*Pour renseignements complets, voir l'*Exposé général de la Méthode.

And courage never to submit or yield,
And what is else not to be overcome:
That glory never shall his wrath or might
Extort from me: to bow and sue for grace
With suppliant knee, and deify his power,
Who from the terror of this arm so late
Doubted his empire; that were low indeed;
That were an ignominy and shame beneath
This downfall! since, by fate, the strength of gods
And this empyreal substance cannot fail;
Since, through experience of this great event,
In arms not worse, in foresight much advanced
We may, with more successful hope, resolve
To wage by force or guile eternal war,
Irreconcilable to our grand foe,
Who now triumphs, and in the excess of joy,
Sole reigning, holds the tyranny of Heaven.

Signes composés (deux points ou deux lignes), **correspondant à des sons composés ou intermédiaires.**

<	∧	=	..	..	.:	.: son interm. entre *a*, *e* : *fat*	2₀ indique une interversion dans l'ordre des lettres.
<· (1)	∨	+ (2)	••	••	:	: — — — *e*, *i* : *very*	
						·. — — — *a*, *o* : *all*	—
oi *voix* <	aou *hour* ∧	ille gne	gze *exil* ..	aïe *dje*	je *osier* .:(	(1) Le *point* ajouté à un signe indique un son prolongé. Le signe placé entre deux lettres est commun à l'une et à l'autre.	Th = z, th = s;
oie *voie* <·	iou *muse* ∨	fe *phase* +	kse *vexa* ••	tche *such* (••	che *sure* :)	(2) La croix, +, indique aussi une pause à faire entre deux mots.	à prononcer en retirant la langue d'entre les dents.
41	12	13	14	15	16	17	18

Ainsi parlait l'ange apostat, quoique dans la douleur;
se vantant à haute voix, mais déchiré d'un profond désespoir,
et son fier compagnon lui répond bientôt en ces termes :
« O prince, ô chef de nombreux Trônes (1)
qui conduisis à la guerre les séraphins rangés en bataille
sous ton commandement; qui, dans de formidables actions,
intrépide, mis en danger le Roi perpétuel du ciel,
et à l'épreuve sa haute suprématie,
soit qu'il la tînt de la force, du hasard, ou du destin.
Je vois trop bien et je maudis l'événement fatal
qui, par une triste déroute et une honteuse défaite,
nous a ravi le ciel, et plongé ainsi toute cette puissante
armée dans une horrible destruction,
autant que des dieux et des substances divines
peuvent périr, car la pensée et l'esprit demeurent

(1) C'est-à-dire de nombreuses puissances *placées sur des trônes*, traduction qui rend d'une manière tout-à-fait littérale le participe passé du v. *to throne*,

---

Signes simples (un seul point ou une seule ligne), **correspondant à des sons simples.**

		1	2	3	4	5	6	7	8	9	10
Signes	1	○	•	▬	◡	((a)	/ /·	| (a)	f t	ch, d	(a) Signes formés d'une partie des lettres dont ils représentent les sons
	2	∘	·	—	⌒	)	\ ·\ (1)	⁄ (a)	s	s	| = I, ⁄ = A, c = e, eu...
Sons	1	nul *build* ○	fort *fat* •	long *pur* ▬	bref *suc* ◡	eu *but* (•	é, ée *a, ate* / /·	i *be* |	v c *of* •	k, t *ache* /·•	—
	2	pr. nul *seven* ∘	doux *rose* ·	nasal *thank* • —	au ⌒	ou *put*)•	è, ès *set, ere* \ ·\	a *clerk* ⁄.	ze *is* .	ce *us* (•	*Pour renseignements complets, voir l'Exposé général de la Méthode.*

So spake the apostate angel, though in pain;
Vaunting aloud, but rack'd with deep despair,
And him thus answer'd soon his bold compeer:
« O prince, o chief of many throned powers,
That led th'embattled seraphim to war
Under thy conduct, and, in dreadful deeds,
Fearless, endanger'd Heaven's perpetual King,
And put to proof his high supremacy,
Whether upheld by strength, or chance, or fate.
Too well I see and rue the dire event,
That with sad overthrow and foul defeat
Hath lost us Heaven, and all this mighty host
In horrible destruction laid thus low;
As far as gods and heavenly essences
Can perish : for the mind and spirit remains

mais que cette périphrase est loin de valoir l'expression concise et énergique *throned* du poète anglais !

Signes composés (deux points ou deux lignes), **correspondant à des sons composés ou intermédiaires.**

<	^	=	··	··	·:	·: son interm. entre *a, e* : *fat*	2₀ indique une interversion dans l'ordre des lettres.
<· (1)	v	+ (2)	••	••	:	: — — — *e, i* : *very*	—
						·. — — — *a, o* : *all*	
oi *voix* <	aou *hour* ^	ille gne	gze *exil* ••	aïe *dje*	je *osier* ·:(	(1) Le *point* ajouté à un signe indique un son prolongé. Le signe placé entre deux lettres est commun à l'une et à l'autre.	Th = z, th = s ; à prononcer en retirant la langue d'entre les dents.
oie *voie* <·	iou *muse* v	fe *phase* +	kse *vexa* ••	tche *such* (••	che *sure* :)	(2) La croix, + , indique aussi une pause à faire entre deux mots.	
11	12	13	14	15	16	17	18

invincibles, et la vigueur revient bientôt,

quoique toute notre gloire soit éteinte, et notre heureuse

condition engouffrée ici dans une misère sans fin.

Mais quoi? si Lui notre Vainqueur (force m'est à présent

de le croire Tout-Puissant, puisqu'il ne fallait pas moins

qu'un tel pouvoir pour dompter un pouvoir tel que le nôtre),

s'il nous a laissé entiers notre esprit et notre vigueur,

pour souffrir et supporter fortement nos peines,

afin que nous puissions suffire à sa colère vengeresse,

ou lui rendre un service plus pénible, comme ses esclaves

par le droit de la guerre, quels que soient ses besoins,

ici, dans le cœur de l'enfer, travailler dans le feu,

ou porter ses messages dans le sombre abîme;

que nous sert alors de sentir que notre force

n'est pas diminuée, que notre être est éternel,

pour subir un éternel châtiment?

Le grand ennemi répliqua par ces paroles rapides :

Signes simples (un seul point ou une seule ligne), **correspondant à des sons simples.**

Signes 1	○	▪	▬	◡	((a)	/ /·	| (a)	ʃ t	ch, d	(a) Signes formés d'une partie des lettres dont ils représentent les sons
2	●	·	—	⌒	)	\ \· (1)	ɩ (a)	s	s	
Sons 1	nul *build* ○	fort *fat* ·	long *pur* ▪	bref *suc* ◡	eu *but* (.	é, ée *a, ate* / /·	i *be* |	v c *of* ·	k, t *ache* /·.	| = I, ɩ = A, (= e, eu...
2	pr. nul *seven* °	doux *rose* ·	nasal *thank* ▪ —	au ⌒	ou *put*).	è, ès *set, ere* \ \·	a *clerk* ɩ.	ze *is* ·	ce *us* (.	*Pour renseignements complets, voir l'Exposé général de la Méthode.*
	1	2	3	4	5	6	7	8	9	10

Invincible, and vigour soon returns;
Though all our glory extinct, and happy state
Here swallow'd in endless misery.
But what? if he our Conqueror (whom I now
Of force believe Almighty, since no less
Than such could have o'erpower'd such force as ours),
Have left us this our spirit and strength entire,
Strongly to suffer and support our pains,
That we may so suffice his vengeful ire,
Or do him mightier service, as his thralls
By right of war, whate'er his business be,
Here in the heart of Hell to work in fire,
Or do his errands in the gloomy deep;
What can it then avail, though yet we feel
Strength undiminish'd, or eternal being,
To undergo eternal punishment? »
Whereto with speedy words archfiend replied:

Signes composés (deux points ou deux lignes), **correspondant à des sons composés ou intermédiaires.**

11	12	13	14	15	16	17	18
<	^	=	··	··	∴	∴ son interm. entre *a*, *e* : *fat*	2_0 indique une interversion dans l'ordre des lettres.
<· (1)	v	+ (2)	••	••	:	: — — — *e*, *i* : *very*	
						∵ — — — *a*, *o* : *all*	
oi *voix* <	aou *hour* ^	ille gne	gze *exil* ··	aie *dje*	je *osier* :(	(1) Le *point* ajouté à un signe indique un son prolongé. Le signe placé entre deux lettres est commun à l'une et à l'autre. (2) La croix, +, indique aussi une pause à faire entre deux mots.	Th = z, th = s; à prononcer en retirant la langue d'entre les dents.
oie *voie* <·	iou *muse* v	fe *phase* +	kse *vexd* ••	tche *such* (••	che *sure* :)		

« Chérubin tombé, être faible est chose misérable,
soit qu'on agisse ou qu'on souffre, mais sois sûr de ceci:
faire un bien quelconque ne sera jamais notre tâche;
mais toujours faire le mal sera notre seul délice,
comme étant le contraire de la haute volonté de celui
à qui nous résistons. Si donc sa providence
cherche à tirer de notre mal le bien,
notre travail doit être de pervertir cette fin,
et de trouver dans le bien des moyens du mal,
en quoi souvent nous pourrons réussir de manière peut-être
à le chagriner, et, si je ne me trompe, à détourner
ses plus profonds conseils de leur but marqué.

« Mais vois! le Vainqueur courroucé a rappelé
ses ministres de vengeance et de poursuite
aux portes du ciel. La grêle de soufre
lancée sur nous dans la tempête, a abattu
la vague brûlante, qui du précipice

Signes simples (un seul point ou une seule ligne), **correspondant à des sons simples.**

Signes 1	○	•	▬	◡	((a)	/ /·	| (a)	f t	ch, d	(a) Signes formés d'une partie des lettres dont ils représentent les sons
2	•	·	—	⌒	)	\ ·\ (1)	/ (a)	s	s	
Sons 1	nul *build* ○	fort *fat* •	long *pur* ▬	bref *suc* ◡	eu *but* (.	é, ée *a, ate* / /·	i *be* |	v e *of* ·	k, t *ache* /·.	| = I, / = A, (= e, eu... —
2	pr. nul *seren* ∘	doux *rose* ·	nasal *thank* • —	au ⌒	ou *put*).	è, ès *set, ere* \ ·\	a *clerk* /.	ze *is* .	ce *us* (.	*Pour renseignements complets, voir l'*Exposé général de la Méthode.
	1	2	3	4	5	6	7	8	9	10

« Fallen cherub, to be weak is miserable,
Doing or suffering : but of this be sure,
To do aught good never will be our task;
But ever to do ill our sole delight,
As being the contrary to his high will
Whom we resist. If then his providence
Out of our evil seek to bring forth good,
Our labour must be to pervert that end,
And out of good still to find means of evil :
Which oft-times may succeed, so as perhaps
Shall grieve him, if I fail not, and disturb
His inmost counsels from their destined aim.
« But see! the angry Victor hath recall'd
His ministers of vengeance and pursuit
Back to the gates of Heaven : the sulphurous hail
Shot after us in storm, o'erblown hath laid
The fiery surge, that from the precipice

Signes composés (deux points ou deux lignes), **correspondant à des sons composés ou intermédiaires.**

<	∧	=	..	..	.:	.: son interm. entre *a*, *e* : *fat*	2_0 indique une interversion dans l'ordre des lettres.
< (1)	∨	+ (2)	••	••	:	: — — — *e*, *i* : *very*	
						⁝ — — — *a*, *o* : *all*	
oi *voix* <	aou *hour* ∧	ille gne	gze *exil* ••	aïe *dje*	je *gsier* .:(	(1) Le *point* ajouté à un signe indique un son prolongé. Le signe placé entre deux lettres est commun à l'une et à l'autre.	Th = z, th = s; à prononcer en retirant la langue d'entre les dents.
oie *voie* <	iou *muse* ∨	fe *phuse* +	kse *vexa* ••	tche *such* (••	che *sure* :·)	(2) La croix, +, indique aussi une pause à faire entre deux mots.	
11	12	13	14	15	16	17	18

du ciel nous reçut tombants, et le tonnerre,
avec ses ailes de rouges éclairs et son impétueuse rage,
a peut-être épuisé ses traits, et cesse maintenant
de mugir à travers l'abîme vaste et sans bornes.
Ne laissons pas échapper l'occasion que nous cède
le dédain ou la fureur rassasiée de notre ennemi.
Vois-tu là-bas cette plaine sèche, abandonnée et sauvage,
séjour de la désolation, vide de lumière,
hormis celle que la lueur de ces flammes livides
jette pâle et effrayante? Rendons-nous là
loin du ballottement de ces vagues de feu;
là reposons-nous, si le repos peut habiter là,
et, rassemblant nos légions affligées, examinons
comment nous pouvons désormais faire le plus de mal
à notre ennemi; comment réparer notre propre perte,
comment surmonter cette affreuse calamité;
quel renforcement nous pouvons tirer de l'espérance,

Signes simples (un seul point ou une seule ligne), **correspondant à des sons simples.**

	1	2	3	4	5	6	7	8	9	10
Signes 1	○	•	▬	◡	((*a*)	/ /·	| (*a*)	f t	ch, d	(*a*) Signes formés d'une partie des lettres dont ils représentent les sons
2	∘	.	—	⌒	)	\ ·\ (1)	ɹ (*a*)	s	s	| = I, ɹ = A, (= e, eu...
Sons 1	nul *build* ○	fort *fat* •	long *pur* ▬	bref *suc* ◡	eu *but* (•	é, ée *u, ate* / /·	i *be* |	v e *of* .	k, t *ache* /·•	*Pour renseignements complets, voir l'Exposé général de la Méthode.*
2	pr. nul *seven* ∘	doux *rose* .	nasal *thank* • —	au ⌒	ou *put*)•	è, ès *set, ere* \ ·\	a *clerk* ɹ·	ze *is* •	ce *us* (•	

Of heaven received us falling; and the thunder,
Wing'd with red lightning and impetuous rage,
Perhaps hath spent his shafts, and ceases now
To bellow through the vast and boundless deep.
Let us not slip the occasion, whether scorn,
Or satiate fury yield it from our foe.
Seest thou yon dreary plain, forlorn and wild,
The seat of desolation, void of light,
Save what the glimmering of these livid flames
Casts pale and dreadful? Thither let us tend
From the tossing of these fiery waves;
There rest, if any rest can harbour there;
And, reassembling our afflicted powers;
Consult how we may henceforth most offend
Our enemy; our own loss how repair;
How overcome this dire calamity;
What reinforcement we may gain from hope,

Signes composés (deux points ou deux lignes), **correspondant à des sons composés ou intermédiaires.**

<	^	=	..	..	.:	.: son interm. entre *a*, *e* : *fat*	2_0 indique une interversion dans l'ordre des lettres.
<· (1)	v	+ (2)	••	••	:	: — — — *e*, *i* : *very*	—
						·. — — — *a*, *o* : *all*	
oi *voix* <	aou *hour* ^	ille gne	gze *exil* ..	aïe *dje*	je *osier* .·(	(1) Le *point* ajouté à un signe indique un son prolongé. Le signe placé entre deux lettres est commun à l'une et à l'autre.	Th = z, th = s;
oie *voie* <·	iou *muse* v	fe *phase* +	kse *vexa* ••	tche *such* (••	che *sure* :·)	(2) La croix, +, indique aussi une pause à faire entre deux mots.	à prononcer en retirant la langue d'entre les dents.
11	12	13	14	15	16	17	18

sinon, quelle résolution du désespoir.

Ainsi parlait Satan à son compagnon le plus rapproché, la tête levée au-dessus des vagues, les yeux étincelant de flammes; les autres parties de son corps, affaissées sur le lac, étendues longues et larges, flottaient sur un espace de plusieurs arpents; en grandeur il était aussi énorme que ceux que les fables appellent, de leur taille monstrueuse, Titanien, ou né de la Terre, qui fit la guerre à Jupiter; Briarée ou Typhon, qui avait sa caverne près de l'ancienne Tarse; ou semblable à cette bête de mer, Léviathan, que Dieu, de toutes ses créatures, fit la plus grande entre celles qui nagent sur les flots de l'Océan. Quand par hasard il sommeille sur l'écume norvégienne, le pilote de quelque petit esquif, égaré la nuit, le prend souvent, au dire des marins, pour une île.

Signes simples (un seul point ou une seule ligne), **correspondant à des sons simples.**

	1	2	3	4	5	6	7	8	9	10
Signes 1	○	•	▬	◡	((*a*)	/ /.	| (*a*)	f t	ch, d	(*a*) Signes formés d'une partie des lettres dont ils représentent les sons
2	∘	·	—	⌒	)	\ .\ (1)	/ (*a*)	s	s	
Sons 1	nul *build* ○	fort *fat* •	long *pur* ▬	bref *suc* ◡	cu *but* (.	é, ée *a, ale* / /.	i *be* |	v c *of* .	k, t *ache* /.	| = I, / = A, (= e, eu... —
2	pr. nul *seren* •	doux *rose* .	nasal *thank* . —	au ⌒	ou *put*).	è, ès *set, cre* \ .\	a *clerk* /.	ze *is* .	ce *us* (.	*Pour renseignements complets, voir l'*Exposé général de la Méthode.

If not, what resolution from despair. »
Thus Satan talking to his nearest mate,
With head uplift above the waves, and eyes
That sparkling blaz'd; his other parts besides,
Prone on the flood, extended long and large,
Lay floating many a rood; in bulk as huge

As whom the fables name of monstrous size,
Titanian, or Earth-born, that warr'd on Jove;
Briareos or Typhon, whom the den
By ancient Tarsus held, or that sea-beast
Leviathan, which God of all his works
Created hugest that swim the ocean stream.
Him, haply slumbering on the Norway foam,
The pilot of some small night-founder'd skiff
Deeming some island, oft, as seamen tell.

Signes composés (deux points ou deux lignes), **correspondant à des sons composés ou intermédiaires.**

<	^	=	..	..	.:	.: son interm. entre *a, e* : *fat*	2₀ indique une interversion dans l'ordre des lettres.
<· (1)	v	+ (2)	••	••	:	: — — — *e, i* : *very*	
						·. — — — *a, o* : *all*	—
oi *voix* <	aou *hour* ^	ille gne	gze *exit* ..	aïe *dje*	je *osier* .:(	(1) Le *point* ajouté à un signe indique un son prolongé. Le signe placé entre deux lettres est commun à l'une et à l'autre.	Th = z, th = s; à prononcer en retirant la langue d'entre les dents.
oie *voie* <·	iou *muse* v	fe *phase* +	kse *vexa* ••	tche *such* (••	che *sure* :)	(2) La croix, +, indique aussi une pause à faire entre deux mots.	
11	12	13	14	15	16	17	18

With fixed anchor in his scaly rind
Moors by his side under the lee, while night
Invests the sea, and wished morn delays :
So stretch'd out huge in length the arch-fiend lay,
Chain'd on the burning lake : nor ever thence
Had risen or heaved his head, but that the will
And high permission of all-ruling Heaven
Left him at large to his own dark designs;
That with reiterated* crimes he might
Heap on himself damnation, while he sought
Evil to others; and, enraged*, might see
How all his malice served but to bring forth
Infinite goodness, grace, and mercy, shown
On man by him seduced*; but on himself
Treble* confusion, wrath, and vengeance pour'd.
Forthwith* upright he rears from off the pool
His mighty stature; on each hand the flames,
Driven backward, slope their pointing spires, and
In billows*, leave in the midst a horrid vale. [roll'd
Then with expanded wings he steers his flight
Aloft, incumbent on the dusky air
That felt unusual* weight; till on dry land
He lights, if it were land that ever burn'd
With solid, as the lake with liquid, fire :
And such appear'd in hue, as when the force
Of subterranean wind transports a hill
Torn from Pelorus, or the shatter'd side

* Reiterated. Enraged. Seduced. Treble. Forthwith. Billows. Unusual.

Of thundering Ætna, whose combustible
And fuell'd* entrails thence conceiving fire,
Sublimed* with mineral* fury, aid the winds,
And leave a singed* bottom all involved*
With stench and smoke: such resting found the sole
Of unblest feet. Him follow'd his next mate;
Both glorying to have 'scaped the Stygian flood
As gods, and by their own recovered strength,
Not by the sufferance* of supernal power.
« Is this the region, this the soil, the clime, »
Said then the lost archangel, « this the seat [gloom
That we must change for heaven; this mournful
For that celestial light? Be it so, since he,
Who now his Sovereign*, can dispose and bid
What shall be right! Furthest from him is best,
Whom reason hath equall'd, force hath made supreme*
Above his equals. Farewell, happy fields,
Where joy for ever dwells! Hail, horrors! hail,
Infernal world! and thou, profoundest hell,
Receive thy new possessor, one who brings
A mind not to be changed by place or time.
The mind is its own place, and in itself
Can make a heaven of hell, a hell of heaven.
What matter where, if I be still the same,
And what I should be — all but less than he
Whom thunder hath made greater? Here at least
We shall be free; the Almighty hath not built
Here for his envy, will not drive us hence:

---

* Fuell'd. Sublimed. Mineral. Sovereign. Supreme.

Here we may reign secure; and, in my choice,
To reign is worth ambition, though in hell:
Better ro reign in hell than serve in heaven.
But wherefore let we then our faithful friends,
The associates* and copartners of our loss,
Lie thus astonish'd in the oblivious pool,
And call them not to share with us their part
In this unhappy mansion; or once more
With rallied arms to try what may be yet
Regain'd in heaven, or what more lost in hell? »
So Satan spake, and him Beelzebub
Thus answer'd: « Leader of those armies bright,
Which but the Omnipotent none could have foil'd,
If once they hear that voice, their liveliest pledge
Of hope in fears and dangers, heard so oft
In worst extremes, and on the perilous* edge
Of battle when it raged, in all assaults
Their surest signal,* they will soon resume
New courage and revive; though now they lie
Grovelling and prostrate on yon lake of fire,
As we erewhile, astounded and amazed;
No wonder, fall'n such a pernicious* height. »
He scarce had ceased when the superior fiend
Was moving toward the shore: his ponderous shield,
Ethereal temper, massy, large, and round,
Behind him cast. The broad circumference*
Hung on his shoulders like the moon, whose orb
Through optic glass the Tuscan artist views

---

* Associates. Perilous. Signal. Pernicious. Circumference.

At evening from the top of Fesolé*,
Or in Valdarno, to descry new lands,
Rivers, or mountains, in her spotty globe.
His spear, to equal which the tallest pine
Hewn on Norwegian* hills, to be the mast
Of some great amiral*, were but a wand,
He walk'd with, to support uneasy steps
Over the burning marle, not like those steps
On heaven's azure; and the torrid clime
Smote on him sore besides, vaulted with fire:
Nathless he so endured, till on the beach
Of that inflamed sea he stood, and call'd
His legions, angel forms, who lay entranced*
Thick as autumnal* leaves that strew the brooks
In Vallombrosa, where the Etrurian shades,
High over-arch'd, embower*; or scatter'd sedge
Afloat*, when with fierce winds Orion arm'd [threw
Hath vex'd the Red-Sea coast, whose waves o'er*
Busiris and his Memphian chivalry,
While with perfidious hatred they pursued
The sojourners of Goshen, who beheld
From the safe shore their floating carcases
And broken chariot-wheels: so thick bestrewn*,
Abject and lost lay these, covering the flood,
Under amazement of their hideous change.
He call'd so loud, that all the hollow deep
Of hell resounded*. « Princes, potentates,

---

* Fesolé. Norwegian. Amiral. Entranced. Autumnal.
Embower. Afloat. Threw. O'er. Bestrewn. Resounded..

Warriors, the flower of heaven, once yours, now
If such astonishment as this can seize [lost,
Eternal spirits; or have ye chosen this place
After the toil of battle to repose
Your wearied* virtue, for the ease you find
To slumber here, as in the vales of heaven?
Or in this abject posture have ye sworn
To adore the Conqueror, who now beholds
Cherub and seraph rolling in the flood
With scatter'd arms and ensigns*, till anon
His swift pursuers from heaven-gates discern*
The advantage, and descending*, tread us down
Thus drooping, or with linked thunderbolts
Transfix us to the bottom of this gulf?
Awake, arise, or be for ever fall'n. » [sprung
They heard, and were abashed*, and up they
Upon the wing; as when men, wont to watch
On duty, sleeping found by whom they dread*,
Rouse and bestir* themselves ere well awake.
Nor did they not perceive the evil plight
In which they were, or the fierce pains not feel;
Yet to their general's voice they soon obey'd,
Innumerable. As when the potent rod
Of Amram's son, in Egypt's evil day,
Wav'd round the coast, up call'd a pitchy cloud
Of locusts, warping on the eastern* wind,
That o'er the realm* of impious Pharaoh hung

---

* Wearied. Ensigns. Discern. Descending. Tread.
Thunderbolts. Abashed. Dread. Bestir. Eastern. Realm.

Like night, and darken'd all the land of Nile.
So numberless were those bad angels seen
Hovering on wing under the cope of hell,
T'wixt upper, nether*, and surrounding fires;
Till, as a signal given, the uplifted spear*
Of their great sultan waving to direct
Their course, in even balance down they light
On the firm brimstone, and fill all the plain;
A multitude like which the populous north
Pour'd never from her frozen loins, to pass
Rhene or the Danaw, when her barbarous sons
Came like a deluge on the south, and spread*
Beneath Gibraltar to the Libyan sands.
Forthwith from every squadron and each band
The heads and leaders thither* haste where stood
Their great commander; godlike shapes and forms
Excelling human, princely dignities,
And powers that erst* in heaven sat on thrones,
Though of their names in heavenly records now
Be no memorial, blotted out and rased
By their rebellion from the book of life.
Nor had they yet among the sons of Eve
Got them new names; till, wandering o'er the earth,
Through God's high sufferance for the trial of man,
By falsities and lies the greatest part
Of mankind they corrupted to forsake
God their Creator, and the invisible
Glory of him that made them to transform

* Nether. Spear. Spread. Thither. Erst.

Oft to the image* of a brute adorn'd
With gay religions, full of pomp and gold,
And devils to adore for deities* :
Then were they known to men by various names,
And various idols* through the heathen* world. [last
Say, muse, their names then known, who first, who
Roused from the slumber on that fiery* couch*,
At their great emperor's call, as next in worth
Came singly* where he stood on the bare strand,
While the promiscuous crowd stood yet aloof.
The chief were those who from the pit of hell,
Roaming to seek their prey on earth, durst fix
Their seats long after next the seat of God,
Their altars by his altar, gods adored
Among the nations round, and durst abide
Jehovah thundering out of Sion, throned
Between the cherubim*; yea, often placed
Within his sanctuary* itself their shrines,
Abominations; and with cursed things
His holy rites and solemn* feasts profaned*,
And with their darkness durst affront his light.
First Moloch, horrid king, besmeared* with blood
Of human sacrifice, and parents' tears;
Though, for the noise of drums and timbrels loud,
Their children's cries unheard, that passed through
To his grim idol. Him the Ammonite [fire
Worshipp'd in Rabba and her watery plain,

---

* Image. Deities. Idols. Heathen. Fiery. Couch. Singly. Cherubim. Sanctuary. Solemn. Profaned. Besmeared.

In Argob and in Bashan, to the stream
Of utmost Arnon. Nor content with such
Audacious* neighbourhood*, the wisest heart
Of Solomon he led by fraud to build
His temple right against the temple of God
On that opprobrious hill; and made his grove
The pleasant* valley* of Hinnom, Tophet thence
And black Gehenna call'd, the type of hell.
Next Chemos, the obscene dread of Moab's sons,
From Aroer to Nebo, and the wild
Of southmost Abarim; in Hesebon
And Horonaim, Seon's realm, beyond
The flowery dale of Sibma, clad with vines,
And Eleale to the Asphaltic pool.
Peor* his other name, when he enticed*
Israel* in Sittim on their march from Nile,
To do him wanton rites, which cost them woe.
Yet thence his lustful orgies he enlarged
Even to that hill of scandal, by the grove
Of Moloch homicide*, lust hard by hate,
Till good Josiah drove them thence to hell.
With these came they, who, from the bordering flood
Of old Euphrates* to the brook that parts
Egypt from Syrian ground, had general names
Of Baalim and Ashtaroth; those male.
These feminine*. For spirits, when they please,
Can either sex assume, or both; so soft

---

* Audacious. Neighbourhood. Pleasant. Valley. Peor.
Enticed. Israel. Homicide. Euphrates. Feminine.

And uncompounded is their essence pure,
Not tied or manacled* with joint or limb,
Nor founded on the brittle strength of bones,
Like cumbrous flesh; but, in what shape they choose,
Dilated* or condensed*, bright or obscure,
Can execute their aery* purposes,
And works of love or enmity fulfil.
For those the race of Israel oft forsook
Their Living Strength, and unfrequented left
His righteous* altar, bowing* lowly* down*
To bestial gods! for which their heads as low
Bow'd down in battle, sunk before the spear
Of despicable foes. With these in troop
Came Astoreth, whom the Phœnicians call'd
Astarte, queen of heaven, with crescent* horns;
To whose bright image nightly by the moon
Sidonian virgins paid their vows and songs;
In Sion also not unsung, where stood
Her temple on the offensive mountain, built
By that uxorious king, whose heart, though large,
Beguiled by fair idolatresses, fell
To idols foul. Thammuz came next behind,
Whose annual wound in Lebanon allured
The Syrian damsels* to lament his fate
In amorous ditties all a summer's day,
While smooth Adonis from his native rock
Ran purple to the sea, supposed with blood

---

* Manacled. Dilated. Condensed. Aery. Righteous.
Bowing. Lowly. Down. Crescent. Damsels.

Of Thammuz yearly wounded. The love-tale
Infected Sion's daughters* with like heat*;
Whose wanton passions in the sacred porch
Ezekiel* saw when, by the vision led,
His eye survey'd the dark idolatries
Of alienated* Judah. Next came one
Who mourn'd in earnest, when the captive ark
Maim'd his brute image, head and hands lopp'd off
In his own temple, on the grunsel edge,
Where he fell flat, and shamed his worshippers:
Dagon his name, sea-monster, upward man
And downward fish: yet had his temple high
Rear'd in Azotus, dreaded through the coast
Of Palestine, in Gath and Ascalon,
And Accaron and Gaza's frontier* bounds.
Him followed Rimmon, whose delightful seat
Was fair Damascus, on the fertile banks
Of Abbana and Pharphar, lucid streams.
He also against the house of God was bold:
A leper* once he lost, and gain'd a king,
Ahaz his sottish conqueror, whom he drew
God's altar to disparage and displace
For one of Syrian mode, whereon to burn
His odious offerings, and adore the gods
Whom he had vanquish'd. After these appear'd
A crew, who, under names of old renown,
Osiris, Isis, Orus, and their train,
With monstrous shapes and sorceries abused

---

* Daughter. Heat. Ezekiel. Alienated. Frontier. Leper.

Fanatic Egypt and her priests, to seek
Their wandering gods disguised in brutish forms,
Rather than human. Nor did Israel 'scape
The infection*, when their borrow'd gold composed
The calf in Oreb; and the rebel king
Doubled that sin in Bethel and in Dan,
Likening his Maker to the grazed ox;
Jehovah*, who in one night, when he pass'd
From Egypt marching, equall'd with one stroke
Both her first-born and all her bleating gods.
Belial came last, than whom a spirit more lewd
Fell not from heaven, or more gross to love
Vice for itself. To him no temple stood,
Or altar smoked; yet who more oft than he
In temples and at altars, when the priest
Turns atheist*, as did Eli's sons, who fill'd
With lust and violence the house of God?
In courts and palaces* he also reigns,
And in luxurious* cities, where the noise
Of riot ascends above their loftiest towers,
And injury and outrage; and when night
Darkens the streets, then wander forth the sons
Of Belial*, flown with insolence and wine.
Witness the streets of Sodom, and that night
In Gibeah, when the hospitable door
Exposed a matron, to avoid worse rape.
These were the prime in order and in might.
The rest were long to tell, though far renown'd*:

---

* Infection. Jehovah. Atheist. Palaces. Luxurious.

The Ionian gods, of Javan's issue*, held
Gods, yet confess'd later than heaven and earth,
Their boasted parents; Titan*, heaven's first-born,
With his enormous brood, and birthright* seized
By younger Saturn. He from mightier* Jove,
His own and Rhea's son, like measure found;
So Jove usurping reigned. These, first in Crete
And Ida known, thence on the snowy top
Of cold Olympus ruled the middle air,
Their highest* heaven; or on the Delphian cliff,
Or in Dodona, and through all the bounds
Of Doric land: or who with Saturn old
Fled over Adria to the Hesperian fields,
And o'er the Celtic roam'd the utmost isles.
  All these and more came flocking, but with looks
Downcast and damp; yet such wherein appear'd
Obscure some glimpse of joy, to have found their chief
Not in despair, to have found themselves not lost
In loss itself: which on his countenance cast
Like doubtful hue: but he, his wonted pride
Soon recollecting, with high words, that bore
Semblance of worth, not substance, gently raised
Their fainting courage, and dispell'd their fears;
Then straight commands, that at the warlike sound
Of trumpets loud and clarions* be uprear'd
His mighty standard. That proud honour claim'd
Azazel as his right, a cherub tall;
Who forthwith from the glittering staff unfurl'd

---

* Issue. Titan. Birthright. Mightier. Highest. Clarions.

The imperial ensign; which, full high advanced,
Shone like a meteor* streaming to the wind,
With gems and golden lustre rich emblazed,
Seraphic* arms and trophies. All the while
Sonorous metal blowing martial* sounds;
At which the universal host upsent
A shout, that tore hell's concave, and beyond
Frighted the reign of Chaos and old Night.
All in a moment through the gloom were seen
Ten thousand* banners rise into the air
With orient colours waving: with them rose
A forest huge of spears, and thronging* helms
Appear'd, and serried shields in thick array
Of depth immeasurable*. Anon they move
In perfect phalanx to the Dorian mood
Of flutes and soft recorders, such as raised
To height of noblest temper heroes old
Arming to battle, and, instead* of rage,
Deliberate* valour breathed*, firm and unmoved
With dread of death to flight or foul retreat:
Nor wanting power to mitigate and 'suage
With solemn touches troubled thoughts, and chase
Anguish, and doubt, and fear, and sorrow, and pain,
From mortal or immortal minds. Thus they,
Breathing united force, with fixed thought,
Moved on in silence to soft pipes, that charm'd
Their painful steps o'er the burnt soil: and now

---

* Meteor. Seraphic. Martial. Thronging. Immeasurable. Instead. Deliberate. Breathed. Thousand.

Advanced in view they stand, a horrid front
Of dreadful length and dazzling arms, in guise
Of warriors old with ordered spear and shield,
Awaiting what command their mighty chief
Had to impose. He through the armed files
Darts his experienced* eye, and soon traverse
The whole battalion views, their order due,
Their visages* and stature* as of gods:
Their number last he sums. And now his heart
Distends with pride, and hardening in his strength
Glories: for never, since created man,
Met such embodied force, as named with these
Could merit more than that small infantry
Warr'd on by cranes: though all the giant brood
Of Phlegra with the heroic race were join'd
That fought at Thebes and Ilium, on each side
Mix'd with auxiliar* gods; and what resounds
In fable or romance of Uther's son,
Begirt with British and Armoric knights*;
And all who since, baptized or infidel,
Jousted in Aspramont or Montalban,
Damasco, or Marocco, or Trebisond,
Or whom Biserta sent from Afric shore,
When Charlemain with all his peerage fell
By Fontarabia. Thus far these beyond
Compare of mortal prowess, yet observed
Their dread* commander. He, above the rest
In shape and gesture proudly eminent,

* Experienced. Visages. Stature. Auxiliar. Knights. Dread.

Stood like a tower (his form had yet not lost
All her original brightness), nor appear'd
Less than archangel ruin'd, and the excess
Of glory obscured; as when the sun, new risen,
Looks through the horizontal misty air
Shorn of his beams; or from behind the moon,
In dim eclipse, disastrous twilight sheds
On half* the nations*, and with fear of change
Perplexes* monarchs. Darken'd so, yet shone
Above them all the archangel: but his face
Deep scars of thunder had intrench'd*; and care
Sat on his faded cheek, but under brows*
Of dauntless courage, and considerate pride
Waiting revenge. Cruel his eye, but cast
Signs of remorse and passion, to behold
The fellows of his crime, the followers rather
(Far other once beheld in bliss), condemn'd*
For ever now to have their lot in pain:
Millions of spirits for his fault amerced
Of heaven, and from eternal splendours flung
For his revolt*, yet faithful how they stood,
Their glory wither'd*: as when Heaven's fire
Hath scathed* the forest oaks or mountain pines,
With singed top their stately growth, though bare,
Stands on the blasted heath. He now prepared
To speak; whereat their doubled ranks they bend
From wing to wing, and half enclose him round

---

* Half. Nations. Perplexes. Intrench'd. Brows. Condemn'd. Revolt. Wither'd. Scathed.

With all his peers: attention held them mute.
Thrice he assay'd, and thrice, in spite of scorn,
Tears, such as angels weep, burst forth; at last
Words, interwove with sighs, found out their way.
"O myriads of immortal spirits! O powers
Matchless, but with the Almighty; and that strife
Was not inglorious, though the event was dire,
As this place testifies, and this dire change,
Hateful to utter! but what power of mind,
Foreseeing or presaging, from the depth
Of knowledge*, past or present, could have fear'd
How such united force of gods, how such
As stood like these, could ever know repulse?
For who can yet believe, though after loss,
That all these puissant* legions*, whose exile
Hath emptied heaven, shall fail to reascend*
Self-raised, and repossess their native seat?
For me, be witness all the host of heaven,
If counsels different, or dangers shunn'd*
By me, have lost our hopes. But he who reigns
Monarch in heaven, till then as one secure
Sat on his throne, upheld* by old repute,
Consent or custom; and his regal state
Put forth at full, but still his strength conceal'd,
Which tempted* our attempt and wrought* our fall.
Henceforth his might we know, and know our own,
So as not either to provoke, or dread

---

* Knowledge. Puissant. Legions. Reascend. Shunn'd.
Upheld. Tempted. Wrought.

New war, provoked; our better part remains
To work in close design, by fraud or guile,
What force effected not; that he no less
At length from us may find, who overcomes
By force hath overcome but half his foe.
Space may produce new worlds*; whereof so rife
There went a fame in heaven that he ere long
Intended to create, and therein plant
A generation*, whom his choice regard
Should favour, equal to the sons of heaven.
Thither, if but to pry, shall be perhaps
Our first eruption; thither or elsewhere*:
For this infernal pit shall never hold
Celestial* spirits in bondage, nor the abyss
Long under darkness cover. But these thoughts*
Full counsel must mature. Peace is despair'd;
For who can think submission? War, then, war,
Open or understood, must be resolved."
He spake; and, to confirm his words*, outflew
Millions of flaming swords*, drawn from the thighs*
Of mighty cherubim. The sudden blaze
Far round illumined hell. Highly they raged
Against the Highest, and fierce with grasped arms
Clash'd on their sounding shields the din of war
Hurling defiance* toward* the vault of heaven.
There stood a hill not far, whose grisly* top
Belch'd fire and rolling smoke; the rest entire

---

* Worlds. Generation. Elsewhere. Celestial. Thoughts.
Words. Swords. Thighs. Defiance. Toward. Grisly.

Shone with a glossy scurf; undoubted sign
That in his womb* was hid metallic ore,
The work of sulphur. Thither, wing'd with speed,
A numerous brigade* hasten'd*: as when bands
Of pioneers, with spade and pickaxe* arm'd,
Forerun* the royal camp, to trench a field,
Or cast a rampart. Mammon led them on:
Mammon, the least erected* spirit that fell
From heaven; for e'en* in heaven his looks and thoughts
Were always downward bent, admiring more
The riches of heaven's pavement, trodden gold,
Than aught*, divine or holy, else enjoy'd
In vision beatific*. By him first
Men also, and by his suggestion* taught*,
Ransack'd the centre, and with impious hands
Rifled* the bowels* of their mother earth*
For treasures, better hid. Soon had his crew
Open'd into the hill a spacious wound*,
And digg'd out ribs of gold. Let none admire
That riches grow in hell; that soil may best
Deserve the precious* bane. And here let those
Who boast in mortal things, and wondering tell
Of Babel and the works of Memphian* kings,
Learn how their greatest monuments of fame,
And strength and art, are easily outdone

---

* Womb. Brigade. Hastend. Pickaxe. Forerun. Erected. E'en. Aught. Vision. Beatific. Suggestion. Taught. Rifled. Bowels. Earth. Wound Precious. Memphian.

By spirits reprobate*, and in an hour
What in an age they with incessant toil
And hands innumerable scarce perform.
Nigh on the plain, in many cells prepared*,
That underneath* had veins of liquid fire,
Sluiced* from the lake, a second multitude
With wondrous art founded the massy ore,
Severing* each kind, and scumm'd the bullion* dross.
A third as soon had form'd within the ground
A various mould, and from the boiling cells,
By strange conveyance*, fill'd each hollow nook:
As in an organ, from one blast of wind,
To many a row of pipes the sound-board breathes*.
Anon*, out of the earth a fabric huge
Rose like an exhalation, with the sound
Of dulcet symphonies and voices sweet,
Built like a temple, where pilasters round
Were set, and Doric pillars overlaid
With golden architrave*; nor did there want
Cornice or frieze, with bossy sculptures* graven;
The roof was fretted gold. Not Babylon,
Nor great Alcairo, such magnificence
Equall'd in all their glories, to enshrine
Belus or Serapis their gods, or seat
Their kings, when Egypt* with Assyria strove

* Reprobate. Prepared. Underneath. Sluiced. Severing. Bullion. Conveyance. Breathes. Anon. Architrave. Sculptures. Egypt.

In wealth* and luxury*. The ascending pile
Stood fix'd her stately height*; and straight* the doors,
Opening their brazen folds, discover, wide
Within, her ample spaces o'er the smooth
And level pavement; from the arched roof,
Pendent by subtle magic, many a row
Of starry lamps and blazing cressets, fed
With naphtha and asphaltus, yielded* light
As from a sky. The hasty multitude
Admiring enter'd; and the work some praise,
And some the architect. His hand was known
In heaven by many a tower'd structure high,
Where sceptred angels held their residence*,
And sat as princes; vhom the supreme King
Exalted to such power, and gave to rule,
Each in his hierarchy*, the orders bright.
Nor was his name unheard or unadored
In ancient* Greece, and in Ausonian land
Men call'd him Mulciber; and how he fell
From heaven, they fabled, thrown by angry Jove
Sheer o'er the crystal battlements: from morn
To noon he fell, from noon to dewy eve,
A summer's day, and with the setting sun
Dropp'd from the zenith, like a falling star,
On Lemnos th'Ægean* isle. Thus they relate,
Erring*; for he with his rebellious rout
Fell long before; nor aught avail'd him now

---

* Wealth. Luxury. Height. Straight. Yielded.
Residence. Hierarchy. Ancient. Ægean. Erring.

To have built in heaven high towers, nor did he 'scape
By all his engines*, but was headlong sent
With his industrious crew to build in hell.
   Meanwhile, the winged heralds*, by command
Of sovereign power*, with awful ceremony
And trumpet's sound, throughout the host proclaim
A solemn council, forthwith to be held
At Pandemonium*, the high capital
Of Satan and his peers. Their summons call'd
From every band and squared regiment
By place or choice the worthiest* : they anon,
With hundreds and with thousands* trooping came
Attended; all access was throng'd : the gates
And porches wide, but chief the spacious hall
(Though like a cover'd field, where champions bold
Wont ride in arm'd, and at the Soldan's chair
Defied* the best of Panim chivalry
To mortal combat, or career with lance),
Thick swarm'd, both on the ground and in the air
Brush'd with the hiss of rustling* wings. As bees
In spring-time, when the sun with Taurus rides,
Pour forth their populous youth about the hive
In clusters; they among fresh dews and flowers*
Fly to and fro, or on the smoothed* plank,
The suburb of their straw-built* citadel,
New rubb'd with balm*, expatiate* and confer

---

* Engines. Heralds. Power. Pandemonium. Worthiest. Thousands. Defied. Rustling. Flowers. Smoothed. Straw-built. Balm. Expatiate.

Their state affairs : so thick the aery crowd
Swarm'd and were straiten'd; till, the signal given,
Behold a wonder! They but now who seem'd
In bigness to surpass earth's giant sons,
Now less than smallest dwarfs, in narrow room
Throng numberless, like that Pygmean* race
Beyond the Indian mount, or faery elves,
Whose midnight revels, by a forest side
Or fountain, some belated peasant* sees,
Or dreams he sees, while over head the moon
Sits arbitress, and nearer to the earth [dance
Wheels her pale course; they, on their mirth and
Intent, with jocund music charm his ear :
At once with joy and fear his heart* rebounds.
Thus incorporeal spirits to smallest forms
Reduc'd their shapes immense, and were at large,
Though without number still, amidst the hall
Of that infernal court. But far within,
And in their own dimensions*, like themselves,
The great seraphic lords and cherubim
In close recess and secret conclave sat,
A thousand demigods on golden seats
Frequent and full. After short silence then,
And summons read*, the great consult began.

---

* Pygmean. Peasant. Heart. Dimensions. Read.

ARGUMENT

LIVRE II

La délibération commencée, Satan examine si l'on doit hasarder une autre bataille pour recouvrer le ciel ; quelques-uns en sont d'avis, d'autres s'y opposent : on préfère une troisième proposition précédemment faite par Satan, et qui a pour but de s'assurer de la vérité de cette prophétie ou de cette tradition du ciel concernant un autre monde et une autre espèce de créatures égales ou peu inférieures aux anges eux-mêmes, qui doivent être formées à peu près dans ce temps. Embarras pour savoir qui sera envoyé à cette difficile recherche. Satan, leur chef, entreprend seul le voyage : il est acclamé et applaudi. La délibération ainsi terminée, les autres esprits prennent divers chemins, et s'occupent à différents exercices, selon que leurs inclinations les y portent, pour passer le temps jusqu'au retour de Satan. Celui-ci, dans son voyage, arrive aux portes de l'enfer, qu'il trouve fermées. Il en aperçoit le gardien, qui, après les avoir enfin ouvertes, découvre à Satan l'immense gouffre entre l'Enfer et le Ciel. Ce n'est pas sans difficulté qu'il le traverse : dirigé par Chaos, puissance de ce lieu, il parvient à la vue de ce nouveau monde qu'il cherchait.

(*Traduction presque mot-à-mot du texte anglais*).

BOOK THE SECOND

High* on a throne of royal state, which far
Outshone the wealth* of Ormus or of Ind,
Or where the gorgeous* East with richest hand
Show'rs on her kings barbaric pearl* and gold,
Satan exalted sat, by merit raised
To that bad eminence; and from despair
Thus high uplifted beyond hope, aspires
Beyond thus high, insatiate to pursue*
Vain war with heaven, and by success untaught*
His proud imaginations* thus displayed:
"Pow'rs and dominions, deities of heaven,
For since no deep within her gulf can hold
Immortal vigour, though oppress'd and fall'n
I give not heaven for lost. From this descent
Celestial virtues* rising, will appear
More glorious and more dread than from no fall,

---

* High. Wealth. Gorgeous. Pearl. Pursue. Untaught. Imaginations. Virtues.

And trust themselves to fear no second fate.
Me though just right, and the fix'd laws of heaven,
Did first create your leader*, next free choice,
With what besides, in counsel or in fight,
Hath been achiev'd of merit, yet this loss
Thus far at least recover'd, hath much more
Establish'd in a safe unenvied throne,
Yielded with full consent. The happier state
In heaven, which follows dignity, might draw
Envy from each inferior; but who here
Will envy whom the highest place exposes
Foremost to stand against the Thund'rer's aim,
Your bulwark*, and condemns to greatest share
Of endless pain? where there is then no good
For wihch to strive, no strife can grow up there
From faction; for none sure will claim in hell
Precedence, none, whose portion is so small
Of present pain, that with ambitious mind
Will covet more. With this advantage* then
To union, and firm faith, and firm accord,
More than can be in heav'n, we now return
To claim our just inheritance* of old,
Surer to prosper than prosperity
Could have assur'd* us; and by what best way,
Whether of open war or covert guile,
We now debate; who can advise may speak."
He ceas'd, and next him Moloch, sceptred king,
Stood up, the strongest and the fiercest Spirit

* Leader. Bulwark. Advantage. Inheritance. Assur'd.

That fought* in heav'n, now fiercer by despair.
His trust was with th' Eternal to be deem'd
Equal in strength, and rather than be less
Car'd not to be at all; with that care lost
Went all his fear: of God, or hell, or worse
He reck'd not, and these words thereafter spake:
"My sentence is for open war. Of wiles
More unexpert, I boast not: them let those
Contrive who need, or when they need, not now.
For, while they sit contriving, shall the rest,
Millions that stand in arms, and longing wait
The signal to ascend, sit ling'ring here
Heav'n's fugitives, and for their dwelling-place
Accept this dark opprobrious den of shame,
The prison of his tyranny who reigns
By our delay? No, let us rather choose,
Arm'd with hell flames and fury, all at once,
O'er heaven's high towers to force resistless way,
Turning our tortures* into horrid arms
Against the torturer; when to meet the noise
Of his almighty engine* he shall hear
Infernal thunder, and, for lightning, see
Black fire and horror shot with equal rage
Among his angels; and his throne itself
Mix'd with Tartarean sulphur*, and strange fire,
His own invented torments. But perhaps
The way seems difficult and steep to scale
With upright wing against a higher foe.

---

* Fought. Tortures. Engine. Sulphur.

Let such bethink them, if the sleepy drench
Of that forgetful lake benumb* not still,
That in our proper motion we ascend
Up to our native seat: descent and fall
To us is adverse. Who but felt of late,
When the fierce foe hung on our broken rear
Insulting, and pursued us through the deep,
With what compulsion and laborious* flight
We sunk thus low? The ascent is easy then,
The event is fear'd; should we again provoke
Our stronger, some worse* way his wrath may find
To our destruction, if there be in hell
Fear to be worse destroy'd. What can be worse
Than to dwell here, driven out from bliss, condemned
In this abhorred deep to utter woe;
Where pain of unextinguishable fire
Must exercise us without hope of end,
The vassals of his anger, when the scourge*
Inexorable, and the torturing hour,
Calls us to penance? More destroyed than thus
We should be quite* abolish'd, and expire.
What fear we then? what doubt* we to incense
His utmost ire*? which, to the height* enraged,
Will either* quite consume us, and reduce
To nothing this essential*: happier* far
Than miserable, to have eternal being!
Or, if our substance be indeed divine

---

* Benumb. Laborious. Worse. Scourge. Quite. Doubt.
Ire. Height. Either. Essential. Happier.

And cannot cease to be, we are at worst
On this side nothing; and by proof we feel
Our power sufficient* to disturb his heaven,
And with perpetual inroads to alarm,
Though inaccessible, his fatal throne;
Which, if not victory, is yet revenge."
He ended frowning, and his look denounced
Desperate revenge, and battle dangerous
To less than gods. On the other side up rose
Belial, in act more graceful and humane:
A fairer person lost not heaven. He seem'd
For dignity composed, and high exploit*:
But all was false and hollow: though his tongue
Dropt manna, and could make the worse appear
The better reason, to perplex and dash
Maturer counsels (for his thoughts were low,
To vice industrious, but to nobler deeds
Timorous and slothful); yet he pleased the ear,
And with persuasive* accent thus began:
"I should be much for open war, O peers,
As not behind in hate, if what was urged*
Main reason to persuade immediate war
Did not dissuade me most, and seem to cast
Ominous conjecture* on the whole success;
When he, who most excels in fact of arms;
In what he counsels and in what excels
Mistrustful grounds his courage on despair
And utter dissolution, as the scope

* Sufficient. Exploit. Persuasive. Urged. Conjecture.

Of all his aim, after some dire revenge.
First, what revenge? The towers of heaven are fill'd
With armed watch, that render all access
Impregnable* : oft on the bordering deep
Encamp their legions; or, with obscure wing,
Scout far and wide into the realm of night,
Scorning surprise. Or could we break our way
By force, and at our heels all hell should rise
With blackest insurrection, to confound
Heaven's purest light, yet our great enemy,
All incorruptible, would on his throne
Sit unpolluted : and the ethereal mould,
Incapable of stain, would soon expel
Her mischief, and purge off the baser* fire,
Victorious. Thus repulsed*, our final hope
Is flat despair : we must exasperate*
The almighty Victor to spend all his rage,
And that must end us; that must be our cure,
To be no more. Sad cure! for who would lose,
Though full of pain, this intellectual* being,
Those thoughts that wander through eternity,
To perish rather, swallow'd up and lost
In the wide womb of uncreated night,
Devoid of sense and motion? And who knows,
Let this be good, whether our angry foe
Can give it, or will ever? How he can,
Is doubtful; that he never will, is sure.
Will he, so wise, let loose at once his ire,

---

* Impregnable. Baser. Repulsed. Exasperate. Intellectual.

Belike through impotence, or unaware*,
To give his enemies their wish, and end
Them in his anger, whom his anger saves
To punish endless? Wherefore cease we then?
Say they who counsel war. We are decreed,
Reserved, and destined* to eternal woe;
Whatever doing, what can we suffer more?
What can we suffer worse? Is this then worst,
Thus sitting, thus consulting*, thus in arms?
What? when we fled amain, pursued, and struck
With heaven's afflicting thunder, and besought
The deep to shelter us? this hell then seem'd
A refuge from those wounds; or when we lay
Chain'd on the burning lake? that sure was worse.
What if the breath*, that kindled those grim fires,
Awaked, should blow them into sevenfold rage,
And plunge us in the flames? or, from above,
Should intermitted vengeance arm again
His red right hand to plague us? What if all
Her stores were open'd, and this firmament
Of hell should spout her cataracts of fire,
Impendent horrors, threatening* hideous* fall
One day upon our heads; while we perhaps,
Designing* or exhorting glorious war
Caught in a fiery tempest shall be hurl'd
Each on his rock transfix'd, the sport and prey
Of wracking whirlwinds; or for ever sunk

---

* Unaware. Destined. Consulting. Breath. Threatening.
Hideous. Designing.

Under yon boiling ocean*, wrapt in chains;
There to converse with everlasting groans,
Unrespited, unpitied, unreprieved,
Ages of hopeless end? This would be worse.
War therefore, open or conceal'd, alike
My voice dissuades; for what can force or guile
With him, or who deceive his mind, whose eye
Views all things at one view? He from heaven's height
All these our motions vain sees and derides :
Not more almighty to resist our might,
Than wise to frustrate all our plots and wiles.
Shall we then live thus vile, the race of heaven
Thus trampled, thus expell'd to suffer here
Chains and these torments? Better these than worse,
By my advice, since fate inevitable
Subdues us, and omnipotent decree,
The Victor's will. To suffer, as to do,
Our strength is equal, nor the law unjust
That so ordains : this was at first resolved,
If we were wise, against so great a foe
Contending, and so doubtful what might fall.
I laugh*, when those who at the spear are bold
And venturous, if that fail them, shrink and fear
What yet they know must follow, to endure
Exile, or ignominy*, or bonds, or pain,
The sentence of their conqueror*. This is now
Our doom; which if we can sustain and bear,
Our supreme foe in time may much remit

---

* Ocean. Laugh. Ignominy. Conqueror.

His anger; and perhaps, thus far removed*,
Not mind us not offending, satisfied
With what is punish'd; whence these raging fires
Will slacken, if his breath stir not their flames.
Our purer essence then will overcome
Their noxious* vapour, or, inured, not feel;
Or, changed at length, and to the place conform'd
In temper and in nature, will receive
Familiar the fierce heat*, and void of pain;
This horror will grow mild, this darkness light;
Besides* what hope the never-ending flight
Of future* day may bring, what chance, what change
Worth waiting, since our present lot appears
For happy, though but ill; for ill, not worst,
If we procure not to ourselves more woe."
Thus Belial, with words clothed in reason's* garb,
Counsell'd ignoble ease, and peaceful sloth,
Not peace; and after him thus Mammon spake:
"Either to disenthrone* the King of heaven
We war, if war be best, or to regain
Our own right lost: him to unthrone we then
May hope, when everlasting fate shall yield
To fickle chance, and Chaos judge the strife.
The former, vain to hope, argues as vain
The latter: for what place can be for us
Within heaven's bound, unless heaven's Lord supreme
We overpower? Suppose he should relent,

* Removed. Noxious. Heat. Besides. Future. Reasons.
Disenthrone.

And publish grace to all, on promise* made
Of new subjection*, with what eyes* could we
Stand in his presence humble, and receive
Strict laws imposed to celebrate his throne
With warbled hymns*, and to his God-head sing
Forced hallelujahs*, while he lordly sits
Our envied sovereign, and his altar breathes
Ambrosial* odours, and ambrosial flowers,
Our servile offerings? This must be our task
In heaven, this our delight! How wearisome
Eternity so spent, in worship paid
To whom we hate! Let us not then pursue
By force impossible, by leave obtain'd
Unacceptable, though in heaven, our state
Of splendid vassalage; but rather seek
Our own good from ourselves, and from our own
Live to ourselves, though in this vast recess,
Free, and to none accountable, preferring
Hard liberty, before the easy yoke
Of servile pomp. Or greatness will appear
Then most conspicuous*, when great things of small,
Useful of hurtful, prosperous of adverse,
We can create; and in what place soe'er
Thrive under evil, and work ease out of pain,
Through labour and endurance. This deep world
Of darkness do we dread? How oft amidst
Thick clouds and dark doth heaven's all-ruling Sire

---

* Promise. Subjection. Eyes. Hymns. Hallelujas.
Ambrosial. Conspicuous.

Choose to reside*, his glory unobscured,
And with the majesty of darkness round
Covers his throne; from whence deep thunders roar
Mustering their rage, and heaven resembles* hell!
As he our darkness, cannot we his light
Imitate when we please? This desert soil
Wants not her hidden lustre, gems and gold;
Nor want we skill or art, from whence to raise
Magnificence; and what can heaven show more?
Our torments also may in length of time
Become our elements, these piercing fires
As soft as now severe, our temper changed
Into their temper; which must needs remove
The sensible of pain. All things invite
To peaceful counsels and the settled state
Of order, how in safety best we may
Compose our present evils, with regard
Of what we are, and where, dismissing quite
All thoughts of war. Ye have what I advise."
  He scarce* had finish'd, when such murmur fill'd
The assembly, as when hollow rocks retain
The sound of blustering winds, which all night long
Had roused the sea, now with hoarse cadence lull
Seafaring* men o'er-watch'd, whose bark by chance
Or pinnace anchors in a craggy* bay
After the tempest: such applause was heard
As Mammon ended. And his sentence pleased
Advising peace: for such another field

---

* Reside. Resembles. Scarce. Seafaring. Craggy.

They dreaded worse than hell: so much the fear
Of thunder and the sword of Michael
Wrought* still within them, and no less desire
To found this nether empire, which might rise
By policy, and long process of time,
In emulation* opposite to heaven.
Which when Beelzebub perceived, than whom
Satan except, none higher sat, with grave
Aspect he rose, and in his rising seem'd
A pillar of state; deep on his front engraven
Deliberation sat and public care,
And princely counsel in his face yet shone,
Majestic, though in ruin. Sage he stood,
With Atlantean shoulders* fit to bear*
The weight* of mightiest monarchies*; his look
Drew audience and attention still as night,
Or summer's noontide air, while thus he spake:
"Thrones and imperial powers, offspring of heaven,
Ethereal* virtues! or these titles now
Must we renounce, and, changing* style, be call'd
Princes of hell? for so the popular vote
Inclines here to continue, and build up here
A growing empire: doubtless, while we dream
And know not that the King of heaven hath doom'd
This place our dungeon, not our safe retreat
Beyond his potent arm, to live exempt*
From heaven's high jurisdiction, in new league

---

* Wrought. Emulation. Shoulders. Bear. Weight. Monarchies. Ethereal. Changing. Exempt.

Banded against his throne, but to remain
In strictest bondage*, though thus far removed,
Under the inevitable curb, reserved
His captive multitude! for he, be sure,
In height or depth, still first and last will reign
Sole king, and of his kingdom* lose no part
By our revolt; but over hell extend
His empire, and with his iron* sceptre rule
Us here, as with his golden those in heaven.
What sit we then projecting peace and war?
War hath determined us, and foil'd with loss
Irreparable* : terms of peace yet none
Vouchsafed* or sought; for what peace will be given
To us enslaved*, but custody severe,
And stripes, and arbitrary punishment
Inflicted? and what peace can we return,
But to our power hostility and hate,
Untamed reluctance*, and revenge, though slow,
Yet ever plotting how the Conqueror least
May reap his conquest, and may least rejoice
In doing what we most in suffering feel?
Nor will occasion want, nor shall we need
With dangerous expedition to invade
Heaven, whose high walls fear no assault or siege,
Or ambush* from the deep. What if we find
Some easier* enterprise? There is a place
(If ancient and prophetic fame in heaven

---

* Bondage. Kingdom. Iron. Irreparable. Vouchsafed.
Enslaved. Reluctance. Ambush. Easier.

Err not), another world, the happy seat
Of some new race, call'd Man, about this time
To be created like to us, though less
In power and excellence, but favour'd* more
Of Him who rules above : so was his will
Pronounced among the Gods, and by an oath*,
That shook heaven's whole circumference, confirm'd.
Thither let us bend all our thoughts, to learn
What creatures* there inhabit, of what mould
Or substance, how endued, and what their power,
And where their weakness, how attempted best
By force or subtlety. Though heaven be shut,
And heaven's high Arbitrator sit secure
In his own strength, this place may lie exposed,
The utmost border of his kingdom, left
To their defence who hold it. Here perhaps
Some advantageous* act may be achieved
By sudden onset : either with hell fire
To waste his whole creation*. or possess
All as our own, and drive as we were driven
The puny habitants; or, if not drive,
Seduce them to our party, that their God
May prove their foe, and with repenting hand
Abolish his own works. This would surpass
Common revenge, and interrupt* his joy
In our confusion, and our joy upraise
In his disturbance; when his darling sons,

---

* Favour'd. Oath. Creatures. Advantageous. Creation. Interrupt.

Hurl'd headlong to partake with us, shall curse
Their frail original, and faded bliss,
Faded so soon. Advise, if this be worth*
Attempting, or to sit in darkness here
Hatching vain empires." Thus Beelzebub
Pleaded* his devilish* counsel, first devised
By Satan, and in part proposed; for whence
But from the author of all ill, could spring
So deep a malice, to confound the race
Of mankind in one root, and earth with hell
To mingle and involve, done all to spite
The great Creator*? But their spite still serves
His glory to augment. The bold design
Pleased highly those infernal states, and joy
Sparkled in all their eyes: with full assent
They vote: whereat* his speech he thus renews:
"Well have ye judged*, well ended* long debate,
Synod of gods, and, like to what ye are,
Great things resolved, which, from the lowest deep,
Will once more lift us up, in spite of fate,
Nearer our ancient seat: perhaps in view [arms
Of those bright confines, whence, with neighbouring
And opportune excursion, we may chance
Re-enter heaven; or else in some mild zone
Dwell, not unvisited of heaven's fair light,
Secure; and at the brightening orient beam
Purge off this gloom: the soft delicious* air,

---

* Worth. Pleaded. Devilish. Creator. Whereat. Judged. Ended. Delicious.

To heal the scar of these corrosive fires,
Shall breathe her balm*. But first, whom shall we send
In search* of this new world? whom shall we find
Sufficient*? who shall tempt with wandering feet
The dark, unbottom'd, infinite* abyss,
And through the palpable obscure find out
His uncouth* way, or spread his aëry* flight
Upborne with indefatigable wings,
Over the vast abrupt, ere he arrive
The happy isle*? What strength, what art can then
Suffice, or what evasion* bear him safe
Through the strict sentries and stations thick
Of angels watching round? Here he had need
All circumspection, and we now no less
Choice in our suffrage? for, on whom we send,
The weight of all and our last hope relies."
  This said, he sat; and expectation held
His look suspense, awaiting who appear'd
To second or oppose, or undertake,
The perilous attempt: but all sat mute,
Pondering the danger with deep thoughts; and each
In other's countenance read* his own dismay*,
Astonish'd: none among the choice and prime
Of those heaven-warring champions could be found
So hardy, as to proffer* or accept,
Alone, the dreadful voyage; till at last
Satan, whom now transcendent glory raised

---

* Balm. Search. Sufficient. Infinite. Uncouth. Aery.
Isle. Evasion. Relies. Read. Dismay. Proffer.

Above his fellows, with monarchal* pride,
Conscious* of highest worth, unmoved thus spake :
« O progeny of heaven, empyreal* thrones,
With reason hath deep silence* and demur
Seized us, though undismay'd. Long is the way
And hard, that out of hell leads up to light;
Our prison* strong; this huge convex of fire,
Outrageous to devour, immures us round
Ninefold; and gates of burning adamant,
Barr'd over us; prohibit all egress.
These pass'd, if any pass, the void profound
Of unessential* night receives him next
Wide-gaping, and with utter loss of being
Threatens him, plunged in that abortive gulf.
If thence he 'scape into whatever world
Or unknown region, what remains him less
Than unknown dangers, and as hard escape?
But I should ill become this throne, O peers,
And this imperial sovereignty adorn'd
With splendour, arm'd with power, if aught proposed
And judged of public moment, in the shape
Of difficulty or danger, could deter
Me from attempting. Wherefore do I assume
These royalties, and not refuse to reign,
Refusing to accept as great a share
Of hasard* as of honour, due alike
To him who reigns, and so much to him due

* Monarchal. Conscious. Unmoved. Empyreal. Silence.
Prison. Unessential. Hasard.

Of hasard more, as he above the rest
High honour'd sits? Go, therefore, mighty powers,
Terror of heaven, though fallen; intend at home,
While here shall be our home, what best may ease
The present misery, and render hell
More tolerable*, if there be cure or charm
To respite*, or deceive, or slack the pain
Of this ill mansion*: intermit no watch
Against a wakeful foe, while I abroad
Through all the coasts of dark destruction seek
Deliverance* for us all; this enterprise
None shall partake but me." Thus saying, rose
The monarch, and prevented all reply:
Prudent, lest, from his resolution* raised
Others among the chief might offer now
(Certain* to be refused) what erst* they feared,
And, so refused, might in opinion stand
His rivals, winning cheap the high repute
Which he through hazard huge must earn. But they
Dreaded* not more the adventure, than his voice
Forbidding: and at once with him they rose:
Their rising all at once was at the sound
Of thunder heard remote. Towards him they bend
With awful reverence prone, and as a god
Extol him eqnal to the Highest in heaven.
Nor fail'd they to express how much they praised
That for the general safety he despised

---

* Tolerable. Respite. Mansion. Deliverance. Resolution.
Certain. Erst. Dreaded.

His own : for neither* do the spirits damn'd
Lose all their virtue; lest bad men should boast
Their specious deeds on earth; which glory excites
Or close ambition varnish'd o'er with zeal.
Thus they their doubtful consultations dark
Ended, rejoicing in their matchless chief.
As when from mountain-tops the dusky clouds
Ascending, while the north wind sleeps, o'erspread
Heaven's cheerful* face, the lowering element
Scowls o'er the darken'd landscape* snow or shower*;
If chance the radiant sun with farewell* sweet
Extend his evening beam, the fields revive,
The birds their notes renew, and bleating herds
Attest their joy, that hill and valley* rings.
O shame to men! devil with devil damn'd
Firm concord holds; men only disagree*
Of creatures rational*, though under hope
Of heavenly grace! and, God proclaiming peace,
Yet live in hatred, enmity, and strife,
Among themselves, and levy* cruel wars,
Wasting the earth, each other to destroy;
As if (which might induce us to accord)
Man had not hellish foes enow besides,
That, day and night, for his destruction wait.
The Stygian council thus dissolved : and forth
In order came the grand infernal peers.
Midst came their mighty paramount, and seem'd

* Neither. Cheerful. Landscape. Shower. Farewell.
Valley. Disagree. Rational. Levy. Enow.

Alone the antagonist of heaven, nor less
Than hell's dread emperor, with pomp supreme,
And god-like imitated state. Him round
A globe of fiery seraphim enclosed
With bright emblazonry* and horrent arms.
Then of their session ended they bid cry
With trumpet's regal* sound the great result:
Towards the four winds four speedy cherubim
Put to their mouths the sounding alchymy*,
By heralds' voice explained; the hollow abyss
Heard far and wide, and all the host of hell
With deafening* shout return'd them loud acclaim.
Thence more at ease their minds, and somewhat raised
By false presumptuous* hope, the ranged powers
Disband, and wandering, each his several way
Pursues, as inclination or sad choice
Leads him perplex'd where he may likeliest* find
Truce to his restless thoughts, and entertain
The irksome* hours*, till his great chief return.
Part on the plain, or in the air sublime,
Upon the wing, or in swift race contend,
As at the Olympian games or Pythian fields;
Part curb their fiery steeds, or shun the goal
With rapid wheels, or fronted brigades form:
As when, to warn proud cities, war appears
Waged in the troubled sky, and armies rush
To battle in the clouds, before each van

---

* Emblazonry. Regal. Alchymy. Deafening.
Presumptuous. Likeliest. Irksome. Hours.

Prick forth the aery knights, and couch their spears
Till thickest legions close; with feats of arms
From either eud of heaven the welkin burns.
Others, with vast Typhœan* rage more fell,
Rend up both rocks and hills, and ride the air
In whirlwind*: hell scarce holds the wild uproar.
As when Alcides, from Œchalia crown'd
With conquest, felt the envenom'd robe, and tore
Through pain up by the roots* Thessalian pines,
And Lichas from the top of Œta threw
Into the Eubeic sea. Others more mild,
Retreated in a silent valley, sing
With notes angelical to many a harp
Their own heroic deeds and hapless fall
By doom of battle, and complain that fate
Free virtue should inthral* to force or chance.
Their song was partial; but the harmony
(What could it less when spirits immortal sing?)
Suspended hell, and took with ravishment
The thronging audience*. In discourse more sweet
(For eloquence the soul, song charms the sense),
Others apart sat on a hill retired,
In thoughts more elevate*, and reason'd high
Of providence, foreknowledge, will, and fate,
Fix'd fate, free will, foreknowledge absolute,
And found no end, in wandering mazes* lost.
Of good and evil much they argued then,

---

* Typhœan. Whirlwind. Roots. Inthral. Audience. Elevate. Mazes.

Of happiness and final misery,
Passion and apathy, and glory and shame.
Vain wisdom all, and false philosophy*!
Yet, with a pleasing sorcery could charm
Pain for a while, or anguish, and excite
Fallacious* hope, or arm the obdured breast
With stubborn patience as with triple* steel.
Another part, in squadrons and gross bands,
On bold adventure to discover wide
That dismal world, if any clime perhaps
Might yield them easier habitation, bend
Four ways their flying march, along the banks
Of four infernal rivers, that disgorge
Into the burning lake their baleful streams:
Abhorred Styx, the flood of deadly hate;
Sad Acheron, of sorrow, black and deep;
Cocytus, named of lamentation loud
Heard on the rueful stream; fierce Phlegethon,
Whose waves of torrent fire inflame with rage.
Far off from these, a slow and silent stream,
Lethe*, the river of oblivion, rolls
Her watery labyrinth*, whereof who drinks
Forthwith* his former state and being forgets,
Forgets both joy and grief, pleasure and pain.
Beyond this flood a frozen continent
Lies dark and wild, beath with perpetual storms
Of whirwlind and pire hail, which on firm land

---

* Philosophy. Fallacious. Triple. Lethe. Labyrinth. Forthwith.

Thaws not, but gathers heap, and ruin seems
Of ancient pile: or else deep snow and ice,
A gulf profound as that Serbonian bog
Betwixt Damiata and mount Casius old,
Where armies whole have sunk: the parching air
Burns frore, and cold performs the effects of fire.
Thither by harpy-footed Furies haled,
At certain revolutions, all the damn'd
Are brought, and feel by turns the bitter change
Of fierce extremes, extremes by change more fierce:
From beds of raging fire, to starve in ice
Their soft ethereal warmth, and there to pine
Immovable, infix'd, and frozen round,
Periods of time, thence hurried back to fire.
They ferry over this Lethean sound
Both to and fro, their sorrow to augment,
And wish and struggle, as they pass, to reach
The tempting stream, with one small drop to lose
In sweet forgetfulness all pain and woe,
All in one moment, and so near the brink;
But fate withstands, and, to oppose the attempt,
Medusa with gorgonian terror guards*
The ford, and of itself the water flies
All taste of living wight*, as once it fled
The lip of Tantalus. Thus roving on
In confused march forlorn, the adventurous bands
With shuddering horror pale, and eyes aghast*,
View'd first their lamentable lot, and found

---

* Guards. Wight. Aghast

No rest. Through many a dark and dreary vale
They pass'd, and many a region dolorous,
O'er many a frozen, many a fiery Alp, [death*,
Rocks, caves, lakes, fens, bogs, dens, and shades of
A universe of death; which God by curse
Created evil, for evil only good;
Where all life dies, death lives, and nature breeds,
Perverse, all monstrous, all prodigious things,
Abominable, inutterable, and worse
Than fables yet have feign'd*, or fear conceived,
Gorgons, and Hydras, Chimeras* dire.
Meanwhile, the adversary of God and man,
Satan, with thoughts inflamed of highest* design,
Puts on swift wings, and toward the gates of hell
Explores his solitary flight: sometimes
He scours the right hand coast, sometimes the left;
Now shaves with level wing the deep, then soars
Up to the fiery concave towering high.
As when far off at sea a fleet descried
Hangs in the clouds, by equinoctial* winds
Close sailing from Bengala, or the isles
Of Ternate and Tidore, whence merchants bring
Their spicy drugs; they, on the trading flood,
Through the wide Ethiopian* to the Cape,
Ply stemming nightly toward the pole: so seem'd
Far off the flying fiend*. At last appear
Hell bounds, high reaching to the horrid roof,

---

* Death. Feigned. Chimeras. Highest. Equinoctial. Ethiopian. Fiend.

And thrice threefold the gates; three folds were brass,
Three iron*, three of adamantine rock
Impenetrable*, impaled with circling fire,
Yet unconsumed. Before the gates there sat
On either side a formidable shape;
The one seem'd woman to the waist, and fair,
But ended foul in many a scaly fold
Voluminous and vast, a serpent arm'd
With mortal sting: about her middle round
A cry of hell hounds never-ceasing bark'd
With wide Cerberian mouths full loud, and rung
A hideous peal; yet, when they list, would creep,
If aught disturbed their noise, into her womb*,
And kennel there; yet there still bark'd and howl'd
Within unseen. Far less abhorr'd than these
Vex'd Scylla, bathing* in the sea that parts
Calabria from the hoarse Trinacrian shore;
Nor uglier follow the night-hag, when, call'd
In secret, riding through the air she comes,
Lured with the smell of infant blood, to dance
With Lapland witches, while the labouring moon
Eclipses at their charms. The other shape,
If shape it might be call'd that shape had none
Distinguishable* in member, joint, or limb*;
Or substance might be call'd that shadow seem'd,
For each seem'd either; black it stood as night,
Fierce as ten Furies, terrible as hell,

---

* Iron. Impenetrable. Womb. Bathing. Distinguishable. Limb.

And shook a dreadful dart; what seem'd his head,
The likeness of a kingly crown had on.
Satan was now at hand, and from his seat
The monster moving onward came as fast
With horrid strides; hell trembled as he strode.
The undaunted* fiend what this might be admired*,
Admired, not fear'd: God and his Son except,
Created thing naught* valued he, nor shunn'd;
And with disdainful* look thus first began:
" Whence, and what art thou, execrable* shape,
That darest, though grim and terrible, advance
Thy miscreated front athwart* my way
To yonder gates? Through them I mean to pass,
That be assured, without leave ask'd of thee:
Retire, or taste thy folly, and learn by proof,
Hell-born! not to contend with spirits of heaven. "
To whom the goblin full of wrath replied:
" Art thou that traitor-angel, art thou he
Who first broke peace in heaven, and faith till then
Unbroken, and in proud rebellious arms
Drew after him the third part of heaven's sons
Conjured* against the Highest, for which both thou
And they, outcast from God, are here condemn'd
To waste eternal days in woe and pain?
And reckon'st* thou thyself with spirits of heaven,
Hell-doom'd? And breath'st* defiance here and scorn,
Where I reign king, and, to enrage thee more,

---

* Undaunted. Admired. Naught. Disdainful. Execrable.
Athwart. Conjured. Reckon'st. Breath'st.

Thy king and lord? Back to thy punishment,
False fugitive, and, to thy speed add wings,
Lest with a whip of scorpions I pursue
Thy lingering, or with one stroke of this dart
Strange horror seize thee, and pangs* unfelt before."
So spake the grisly Terror, and in shape,
So speaking and so threatening, grew tenfold
More dreadful and deform. On the other side,
Incensed with indignation, Satan stood
Unterrified*, and like a comet burn'd,
That fires the length of Ophiuchus huge
In the arctic sky, and from his horrid hair
Shakes pestilence and war. Each at the head
Levell'd his deadly aim: their fatal hands
No second stroke intend; and such a frown
Each cast at the other, as when two black clouds,
With heaven's artillery* fraught, come rattling on
Over the Caspian, then stand front to front,
Hovering a space, till winds the signal blow*
To join their dark encounter in mid air:
So frown'd the mighty combatants, that hell
Grew darker at their frown; so match'd they stood,
For never but once more was either like
To meet so great a foe. And now great deeds
Had been achieved, whereof all hell had rung,
Had not the snaky* sorceress, that sat
Fast by hell-gate and kept the fatal key,
Risen, and with hideous outcry rush'd between.

---

* Pangs. Unterrified. Frown. Artillery. Blow. Snaky.

" O father, what intends thy hand, she cried,
Against thy only son? What fury, O son,
Possesses thee to bend that mortal dart
Against thy father's head? And know'st* for whom;
For him who sits above and laughs* the while
At thee ordain'd his drudge, to execute
Whate'er his wrath, which he calls justice, bids;
His wrath, which one day will destroy ye both."
She spake, and at her words the hellish pest
Forebore; then these to her Satan return'd:
" So strange thy outcry, and thy words so strange
Thou interposest, that my sudden hand,
Prevented, spares to tell thee yet by deeds
What it intends till first I know of thee
What thing thou art thus double-form'd, and why,
In this infernal vale first met, thou call'st
Me father, and that phantasm* call'st my son.
I know thee not, nor ever saw till now
Sight more detestable* than him and thee."
To whom thus the portress of hell-gate replied:
" Hast thou forgot me then, and do I seem
Now in thine eye so foul? once deem'd so fair
In heaven, when at the assembly, and in sight
Of all the seraphim with thee combined
In bold conspiracy against heaven's King,
All on a sudden miserable pain
Surprised thee, dim thine eyes and dizzy swam
In darkness, while thy head flames thick and fast

---

* Knowst. Laughs. Execute. Phantasm. Detestable.

Threw forth, till on the left side opening wide,
Likest to thee in shape and countenance bright,
Then shining* heavenly fair, a goddess arm'd,
Out of thy head I sprung. Amazement seized
All the host of heaven: back they recoil'd afraid
At first, and call'd me Sin, and for a sign
Portentous held me; but, familiar grown,
I pleased, and with attractive graces won
The most averse, thee chiefly, who full oft
Thyself in me thy perfect image viewing,
Becamest enamour'd, and such joy thou took'st
With me in secret, that my womb conceived
A growing burden. Meanwhile* war arose,
And fields were fought in heaven, wherein remain'd
(For what could else?) to our Almighty Foe
Clear victory; to our part loss and rout,
Through all the empyrean*. Down they fell,
Driven headlong from the pitch of heaven, down
Into this deep, and in the general fall
I also: at which time this powerful key
Into my hand was given, with charge to keep
These gates for ever shut, which none can pass
Without my opening*. Pensive here I sat
Alone; but long I sat not, till my womb
Pregnant* by thee, and now excessive grown,
Prodigious motion felt and rueful* throes.
At last this odious offspring whom thou seest,

* Shining. Meanwhile. Empyrean. Opening. Pregnant. Rueful.

Thine own begotten, breaking violent way,
Tore through my entrails*, that, with fear and pain
Distorted, all my nether shape thus grew
Transform'd : but he my inbred enemy
Forth issued, brandishing his fatal dart,
Made to destroy*. I fled and cried out, *Death!*
Hell trembled at the hideous name, and sigh'd
From all her caves, and back resounded, *Death!*
I fled; but he pursued (though more, it seems,
Inflamed with lust than rage), and, swifter far,
Me overtook his mother, all dismay'd,
And, in embraces forcible and foul
Engendering with me, of that rape begot
These yelling monsters that with ceaseless cry
Surround me, as thou saw'st*, hourly conceived
And hourly born, with sorrow infinite
To me : for, when they list, into the womb
That bred them they return, and howl* and gnaw*
My bowels, their repast; then, bursting forth,
Afresh with conscious terrors vex me round,
That rest or intermission none I find.
Before mine eyes in opposition sits
Grim Death, my son and foe, who sets them on,
And me his parent would very soon devour
For want of other prey, but that he knows
His end with mine involved, and knows that I
Should prove a bitter morsel, and his bane,
Whenever that shall be : so fate pronounced.

---

* Entrails. Destroy. Saw'st. Howl. Gnaw.

But thou, O father, I forewarn thee, shun
His deadly arrow, neither vainly hope
To be invulnerable* in those bright arms,
Though temper'd heavenly; for that mortal dint,
Save He who reigns above, none can resist. "
  She finished, and the subtle fiend his lore
Soon learn'd, now milder*, and thus answer'd smooth :
  " Dear daughter, since thou claim'st me for thy sire,
And my fair son here show'st me, the dear pledge
Of dalliance had with thee in heaven, and joys
Then sweet, now sad to mention, through dire change
Befallen* us, unforeseen, unthought* of, know
I come no enemy, but to set free
From out this dark and dismal house* of pain
Both him and thee, and all the heavenly host
Of spirits, that, in our just pretences arm'd,
Fell with us from on high. From them I go
This uncouth errand* sole, and one for all
Myself expose, with lonely steps to tread*
Th' unfounded deep, and through the void immense
To search with wandering* quest a place foretold
Should be, and, by concurring signs, ere now
Created vast and round, a place of bliss
In the purlieus* of heaven, and therein placed
A race of upstart creatures, to supply
Perhaps our vacant* room; though more removed,
Lest heaven, surcharged with potent multitude,

---

* Invulnerable. Milder. Dalliance. Befallen. Unthought. House. Errand. Tread. Wandering. Purlieus. Vacant.

Might hap to move new broils. Be this or aught
Than this more secret now design'd, I haste
To know; and, this once known, shall soon return,
And bring ye to the place where thou and Death
Shall dwell at ease, and up and down unseen
Wing silently the buxom* air embalm'd
With odours*. There ye shall be fed and fill'd
Immeasurably*; all things shall be your prey."[Death
He ceased; for both seem'd highly pleased, and
Grinn'd horrible a ghastly* smile, to hear
His famine should be fill'd, and bless'd his maw
Destined to that good hour; no less rejoiced
His mother bad, and thus bespake her sire:
"The key of this infernal pit by due,
And by command of heaven's all-powerful King,
I keep, by him forbidden to unlock
These adamantine gates; against all force
Death ready* stands to interpose his dart,
Fearless to be o'ermatch'd by living might.
But what owe I to his commands above
Who hates me, and hath hither thrust me down
Into this gloom of Tartarus profound,
To sit in hateful office here confined,
Inhabitant of heaven and heavenly-born,
Here, in perpetual agony and pain,
With terrors and with clamours* compass'd round
Of mine own brood, that on my bowels feed?

---

* Buxom. Odours. Immeasurably. Ghastly. Ready.
Clamours.

Thou art my father, thou my author*, thou
My being gavest me; whom should I obey*
But thee? whom follow? Thou wilt bring me soon
To that new world of light and bliss, among
The gods who live at ease, where I shall reign
At thy right hand voluptuous, as beseems
Thy daughter, and thy darling, without end. "
  Thus saying, from her side the fatal key,
Sad instrument of all our woe, she took;
And, towards the gate rolling her bestial train,
Forthwith the huge portcullis* high up-drew,
Which, but herself, not all the Stygian powers
Could once have moved; then in the key-hole turns
The intricate wards, and every bolt and bar
Of massy iron or solid rock with ease
Unfastens*. On a sudden* open* fly
With impetuous recoil and jarring sound
Th' infernal doors, and on their hinges grate
Harsh thunder, that the lowest* bottom shook
Of Erebus*. She open'd, but to shut
Excell'd her power; the gates wide open stood,
That with extended wings a banner'd* host,
Under spread ensigns marching, might pass through
With horse and chariots rank'd in loose* array*,
So wide they stood, and like a furnace mouth
Cast forth redounding smoke and ruddy flame.
Before their eyes in sudden view appear

---

* Author. Obey. Portcullis. Unfastens. Sudden. Open.
Doors. Lowest. Erebus. Banner'd. Loose. Array.

The secrets of the hoary* deep, a dark
Illimitable ocean without bound,
Without dimension, where length, breadth*, and [height
And time, and place, are lost; where eldest Night
And chaos, ancestors of Nature, hold
Eternal anarchy*, amidst the noise
Of endless wars, and by confusion stand.
For Hot, Cold, Moist, and Dry, four champions fierce,
Strive here for mastery, and to battle bring
Their embryon atoms*; they around the flag
Of each his faction, in their several clans,
Light-arm'd or heavy, sharp, smooth, swift, or slow,
Swarm populous, unnumber'd* as the sands
Of Barca or Cyrene's torrid soil,
Levied* to side with warring winds, and poise*
Their lighter wings. To whom these most adhere,
He rules a moment: Chaos umpire sits,
And by decision more embroils the fray
By which he reigns: next him high arbiter
Chance governs all. Into this wild abyss,
The womb of Nature, and perhaps her grave,
Of neither sea, nor shore, nor air, nor fire,
But all these in their pregnant causes mix'd
Confus'dly, and which thus must ever fight,
Unless the Almigthy Maker them ordain
His dark materials to create more worlds;
Into this wild abyss the wary fiend

---

* Hoary. Breadth. Anarchy. Atoms. Unnumber'd. Levied. Poise.

Stood on the brink of hell, and look'd awhile*,
Pondering his voyage*; for no narrow* frith
He had to cross. Nor was his ear less peal'd*
With noises loud and ruinous* (to compare
Great things with small) than when Bellona storms,
With all her battering engines* bent to raze
Some capital city; or less than if this frame
Of heaven were falling, and these elements*
In mutiny had from her axle* torn
The steadfast earth. At last his sail-broad vans
He spreads for flight, and in the surging smoke
Uplifted spurns the ground. Thence many a league,
As in a cloudy chair, ascending rides
Audacious*; but, that seat soon failing, meets
A vast vacuity*. All unawares
Fluttering his pennons vain, plumb* down he drops
Ten thousand* fathom* deep; and to this hour
Down had been falling, had not by ill chance
The strong rebuff of some tumultuous cloud,
Instinct with fire and nitre, hurried him
As many miles aloft. That fury staid,
Quench'd in a boggy syrtis, neither sea,
Nor good dry land : nigh founder'd on he fares,
Treading the crude consistence, half on foot,
Half flying. Behoves him now both oar and sail.
As when a gryphon through the wilderness*

---

* Awhile. Voyage. Narrow. Peal'd. Ruinous. Engines. Elements. Axle. Audacious. Vacuity. Plumb. Thousand. Fathom. Wilderness.

With winged course, o'er hill or moory dale,
Pursues the Arimaspian, who by stealth*
Had from his wakeful custody purloin'd
The guarded gold: so eagerly* the fiend,
O'er bog, or steep, through straight, rough*, dense, or rare,
With head, hands, wings, or feet, pursues his way,
And swims or sinks, or wades, or creeps, or flies.
At length, a universal hubbub wild
Of stunning sounds and voices all confused,
Borne through the hollow dark, assaults his ear
With loudest vehemence*. Thither he plies,
Undaunted, to meet there whatever power
Or spirit of the nethermost abyss
Might in that noise reside, of whom to ask
Which way the nearest coast of darkness lies
Bordering on light; when straight behold the throne
Of Chaos, and his dark pavilion* spread
Wide on the wasteful deep. With him enthroned,
Sat sable-vested Night, eldest of things,
The consort of his reign; and by them stood
Orcus and Ades, and the dreaded name
Of Demogorgon! Rumour next and Chance,
And Tumult and Confusion all embroil'd,
And Discord with a thousand various* mouths.
To whom Satan, turning boldly, thus: "Ye powers
And spirits of this nethermost abyss,
Chaos and ancient Night, I come no spy,

* Stealth. Eagerly. Rough. Vehemence. Pavilion. Various.

With purpose* to explore or to disturb*
The secrets of your realm*; but by constraint
Wandering this darksome desert*. As my way
Lies through your spacious empire up to light,
Alone, and without guide, half lost, I seek
What readiest path leads where your gloomy bounds
Confine with heaven; or if some other place,
From your dominion won, the ethereal King
Possesses lately, thither to arrive
I travel this profound. Direct my course;
Directed, no mean recompense it brings
To your behoof*, if I that region lost,
All usurpation* thence expell'd, reduce
To her original darkness and your sway
(Which is my present journey*), and once more
Erect the standard there of ancient Night:
Yours be the advantage all, mine the revenge!"
  Thus Satan; and him thus the Anarch old,
With faltering speech and visage incomposed,
Answer'd: "I know thee, stranger, who thou art,
That mighty leading angel, who of late [thrown.
Made head against heaven's King, though over-
I saw and heard: for such a numerous host
Fled not in silence through the frighted deep,
With ruin upon ruin, rout on rout,
Confusion worse confounded; and heaven-gates
Pour'd out by millions her victorious bands

---

* Purpose. Disturb. Realm. Desert. Behoof. Usurpation. Journey.

Pursuing. I upon my frontiers here
Keep residence. If all I can will serve
That little which is left so to defend,
Encroach'd* on still through your intestine broils
Weakening the sceptre of old Night (first hell,
Your dungeon, stretching far and wide beneath*;
Now lately heaven and earth, another world,
Hung o'er my realm, link'd in a golden chain
To that side heaven from whence your legions fell).
If that way be your walk, you have not far.
So much the nearer danger : go, and speed!
Havoc, and spoil, and ruin, are my gain! "
He ceased; and Satan stay'd not to reply,
But, glad that now his sea should find a shore,
With fresh alacrity and force renew'd
Springs upward, like a pyramid of fire,
Into the wild expanse, and through the shock
Of fighting elements, on all sides round
Environ'd, wins his way, harder beset*
And more endanger'd, than when Argo pass'd
Through Bosphorus, betwixt the justling rocks :
Or when Ulysses on the larboard shunn'd
Charybdis, an by the other whirlpool* steer'd.
So he with difficulty and labour hard
Moved on, with difficulty and labour he.
But, he once pass'd, soon after, when man fell,
Strange alteration! Sin and Death amain
Following his track, such was the will of Heaven,

---

* Encroach'd. Beneath. Beset. Whirlpool.

Paved after him a broad and beaten way
Over the dark abyss, whose boiling gulf
Tamely endured a bridge wondrous* length,
From hell continued, reaching the utmost orb
Of this frail world, by which the spirits perverse
With easy intercourse pass to and fro
To tempt or punish mortals, except whom
God and good angels guard by special* grace.
But now at last the sacred influence
Of light appears, and from the walls of heaven
Shoots far into the bosom* of dim Night,
A glimmering dawn. Here Nature first begins
Her farthest verge, and Chaos to retire,
As from her outmost works a broken foe,
With tumult less, and with less hostile din;
That Satan with less toil, and now with ease
Wafts on the calmer wave by dubious light,
And, like a weather-beaten vessel, holds
Gladly the port, though shrouds and tackle torn;
Or in the emptier* waste, resembling air,
Weighs his spread wings, at leisure* to behold
Far off th' empyreal heaven, extended wide
In circuit, undetermined square or round,
With opal towers and battlements adorn'd
Of living sapphire*, once his native seat:
And fast by, hanging in a golden chain,
This pendent world, in bigness as a star
Of smallest magnitude close by the moon.
Thither, full fraught with mischievous revenge,
Accursed, and in a cursed hour, he hies.

---

* Wondrous. Special. Bosom. Emptier. Leisure. Sapphire.

Verbe français *Avoir* (a).

Pronoms personnels sujets :			Je, Tu, Il,	Nous, Vous, Ils.	
1 PRÉS. INFINITIF PASSÉ INFINITIF 11	2 PRÉS. PART.	3 PASSÉ PART.*	4 PRÉS. INDICATIF PASSÉ INDÉFINI 14	5 P. DÉF. P. ANT. 15	5 bis IMPARF. PL.-Q.-P. 15 bis
Avoir *eu*	ayant,	eu	J' ai as a av ons av ez ont *eu*	eus, eus, eut, eûmes, eûtes, eurent,	av ais av ais ait ions iez aient *eu*
8 PRÉSENT IMPÉRATIF PASSÉ IMPÉRATIF 18					
ai e ay ons ay ez	qu'il ait qu'ils aient *eu*				

6 FUTUR ABSOLU FUTUR ANTÉRIEUR 16	7 PRÉS. CONDITIONN. PASSÉ CONDITIONN. 17	9 PRÉS. SUBJONCTIF PASSÉ SUBJONCTIF 19	10 IMP. SUBJONCTIF PL.-Q.-P. SUBJ. 20
J'aur ai aur as aur a aur ons aur ez aur ont *eu*	J'aur ais aur ais aur ait aur ions auriez aur aient *eu*	Que j'ai e ai es ai t ay ons ay ez ai ent *eu*	Que j'euss e euss es eû t euss ions euss iez euss ent *eu*

(*a*) Ce double tableau de la conjugaison du V. *Avoir*, en français et en anglais, est extrait de l'ouvrage intitulé *Verbes anglais*, qui doit paraître prochainement.

Pour conjuguer entièrement ce verbe dans la double langue française et anglaise, on pourra, en commençant par le français, employer le procédé suivant :

Lire d'abord les cinq temps primitifs : *avoir*, *ayant*, *eu*, *j'ai*, *j'eus*. Conjuguer en entier les deux derniers : *J'ai*, *tu as*, *etc.*, *J'eus*, *tu eus*, *etc.* Continuer par le 5ᵉ bis ; puis par les autres temps, d'après leurs numéros d'ordre : 6, 7, 8, 9 et 10. — On aura ainsi conjugué les *temps simples*.

Pour les *temps composés*, on suivra le même ordre, en commençant par le numéro 11, le *passé de l'infinitif*, que l'on forme du *présent de l'infinitif*, en y ajoutant le *participe passé* eu, et ainsi des autres.

Comme second exercice, on pourra conjuguer simultanément tous ces temps par deux : 1, 11 ; 2 et 3 ; 4, 14 ; 5, 15 etc.

Après avoir suivi le même ordre pour le verbe anglais, on conjuguera simultanément les deux verbes. Ex. : *Avoir*, To have... ; *J'aurai*, I shall have, etc.

* *Le passé participe a deux formes* : l'une, simple, *eu* ; l'autre, composée, *ayant eu*.

Verbe anglais *To have* (a)

Pronoms personnels sujets :		I, Thou, He,	We, You, They.
1 PRÉS. INFINITIF PASSÉ INFINITIF 11	2 PRÉS. PART. / 3 PASSÉ PART.*	4 PRÉS. INDICATIF PASSÉ INDÉFINI 14	5 / 5 bis P. DÉF. ET IMP. P. ANT. ET P.-Q.-P. 15 / 15 bis
To have *had*	having, had	I have hast has have have have *had*	I had had st had had had had *had*
8 PRÉSENT IMPÉRATIF PASSÉ IMPÉRATIF 18 have Let us have have	Let him Let them have *had*		
6 FUTUR ABSOLU FUTUR ANTÉRIEUR 16	7 PRÉS. CONDITIONN. PASSÉ CONDITIONN. 17	9 PRÉS. SUBJONCTIF PASSÉ SUBJONCTIF 19	10 IMP. SUBJONCTIF PL.-Q.-P. SUBJ. 20
I shall wilt will shall will will *have had*	I should would st would should would would *have had*	That I may may est may may may may *have had*	That I might might est might might might might *have had*

Tableau des Signes, classés d'après leur forme.

	COLONNES	A LIGNE DROITE		B POINT		C LIGNE COURBE	
1re	Signes simples, représentant des sons simples	SON i ǀ, è /, ▬ long	⁄ a, \ è, — nasal	SON fort •	• doux	SON nul O, pr. a. o, ◡ bref	(eu,) ou, ⌒ au
2e	Signes et sons composés	< oi	<· oie	•• kse, tche	nie .. gze, dje	= ille, gne	+ fe
3e	Signes spéciaux à la Langue anglaise	^ aou		jo che ou sons inferm. entre a.e e.i a.o		V iou	

AUTRES PUBLICATIONS D'APRÈS LE MÊME SYSTÈME

Signolégie générale (exposé complet de la Méthode pour les six langues *française, latine, anglaise, allemande, espagnole et italienne*........................ 1 fr. »»

Tableau synoptique des signes, avec l'explication de leur formation successive, et présentant en regard, dans six colonnes distinctes, des exemples faciles des règles de la méthode, appliquée à ces langues.......... » 50

Spécimen de la Signolégie française, comprenant deux fables de La Fontaine annotées............... » 50

(A l'aide de ce Spécimen, essayé dans deux des principales écoles communales de Toulouse, quatre leçons seulement, d'une heure chacune, ont suffi pour procurer à une douzaine d'élèves désignés par les directeurs, une prononciation régulière, avec disparition presque entière de l'accent du pays.)

Spécimen de la Signolégie anglaise comprenant un extrait de la *Tragédie de Macbeth*, et un extrait de *Robinson Crusoë*, annotés en français et en anglais.... » 50

(Il suffit également d'un petit nombre de leçons données à l'aide de ce Spécimen, pour assurer une bonne prononciation de ce double texte.)

Le **Pater**, ou l'**Oraison Dominicale,** en six langues, avec la prononciation annotée pour chacune .... » 50

Spécimen de Milton annoté, double page (texte anglais et français) avec le Tableau des Signes accompagné d'exemples, et la conjugaison, d'après un mode nouveau et simplifié, du verbe *Avoir* dans les deux langues...................................... » 50

Ce même Tableau de conjugaison, avec le verbe correspondant en allemand, imprimé en caractères allemands et en caractères français en regard.................. » 50

POUR PARAITRE PROCHAINEMENT

Les **Verbes anglais,** avec leurs correspondants en français, d'après un nouveau système de conjugaison, et précédés de l'alphabet, ainsi que des principales règles de la prononciation de ces deux langues.

Alphabet signolégique français et latin.

Toulouse, Imp. Baylac, Blanc et Ce, rue du May, 1.

www.ingramcontent.com/pod-product-compliance
Lightning Source LLC
LaVergne TN
LVHW012025220826
846092LV00001B/490

9782329729435